世界最先端の研究が教える新事実

行動経済学 BEST100

橋本之克
HASHIMOTO YUKIKATSU

SOGO HOREI PUBLISHING CO., LTD

はじめに

「行動経済学」とは、簡単に言うと「心理学」と「経済学」を融合した比較的新しい分野の学問です。2002年に行動経済学者のダニエル・カーネマンが、ノーベル経済学賞を受賞し一躍脚光を浴びました。続いて2013年にロバート・シラー、2017年にリチャード・セイラーと、わずか15年ほどの間に3人ものノーベル経済学賞受賞者を生み出しています。

行動経済学がこれほどに注目された大きな理由は、過去に主流だった経済学における「人間」に対する見方を変えたことです。

かつての経済学では、目の前にある自分の経済的利益を最大化するよう合理的に意思決定する「ホモ・エコノミカス」が標準的な人間像でした。人は常に冷静に、まるで機械のように行動するものと仮定したのです。

ところが、実際の人間は、間違いも起こせば、他人のために自分を犠牲にすることもあります。過去の経済学をもとに考えると、答えられない矛盾や謎がたくさん出てきました。これを「アノマリー（例外事象）」と呼びます。

行動経済学では、このアノマリーを調べる中で、人間の不合理な行動や判断が決まった法則に従って起きることを発見しました。以下は、その一部です。

・つまらないものでも、一度手に入れたら愛着を感じる
・罰金を払えば悪いことをしても良いと思ってしまう
・ギャンブルで手に入れたお金は簡単に浪費する
・ブラックな企業を辞めることができない

さらに行動経済学は、人間が無意識に自分自身は合理的だと信じていることも明らかにしました。人間は自分の不合理さに気づかず、また認めることができないために、同じ過ちを繰り返し続けてしまうのです。

私自身はマーケティングやブランディングの仕事を、シンクタンクと広告会社で30年以上、その後は独立して行っています。

行動経済学の法則をもとに消費者心理を把握することで、様々な広告やキャンペーンを成功させています。また、消費者として浪費などのピンチを避けることもできました。

これらの経験から間違いなく言えるのは、「行動経済学は、ビジネスから生活まであらゆる面で活用できる実用的な学問」ということです。

「行動経済学」を知れば、自分自身の不合理さに気づくことができます。そして、これを知って改善することで、あなた自身の行動、暮らし、人生はより良いものになります。

さらに自分以外のあらゆる人間も不合理だと知れば、他人の行動に疑問や怒りを抱くことが減るでしょう。自分以外の人間を理解し、受け入れることもできるはずです。

こうして人間同士の理解が世の中に広まれば、様々な争いやいさかいも無くなっていくのではないでしょうか。

本書では行動経済学が示す、より良い行動を行うための方法を紹介します。１００ほどの関連する研究成果、事例やエピソードとともに、わかりやすく解説していきます。

世界最先端の研究が教える新事実

行動経済学BEST100

CONTENTS

第1章

背中を押される行動経済学

第2章

心が揺れる行動経済学

第3章

人の欲望と行動経済学

第4章

人生とお金と行動経済学

第5章

ソーシャルスキルと行動経済学

ブックデザイン　別府拓（Q.design）
イラスト　ぷーたく
DTP・図表　横内俊彦
校正　矢島規男
編集　豊泉博司

第1章

背中を押される行動経済学

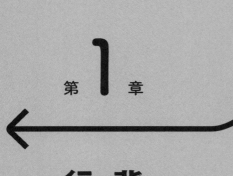

罰金があるのにポイ捨てが増えた理由

シンガポールの罰金制度は厳しいことで有名です。日本では普通のことでもシンガポールでは罰金、という行為もたくさんあります。例えば、ゴミのポイ捨てです。日本では（モラルに反する行為ですが）、罰金を科されることはありません。ところが、シンガポールでは罰金刑です。初犯は最高２０００シンガポールドル（約22万円）で、再犯は４０００シンガポールドル（約44万円）、３回目以降は1万シンガポールドル（約１１０万円）の罰金が科されます。

またシンガポール国内では、一部を除くチューインガムの輸入と販売が禁止されています。チューインガムを持って入国するだけで1万シンガポール（約１１０万円）という高額の罰金対象です。

これらの効果もあって、シンガポールの観光地や市街地はきれいで、「fine city（すばらしい都市）」と呼ばれます。ただし、その fine という言葉には実は罰金という意味も含まれます。

シンガポールは、東京23区と同程度の面積約７２０㎢に、５６４万人が住んでいます。罰金制度が厳しい理由は、価値観が多様な多民族・多宗教国家の秩序を維持するため、と言われています。その民族構成は中華系74％、マレー系14％、インド系９％で中国系を中心に多様です。言語はマレー語を国語としますが、公用語は英語、中国語、マレー語、タミル語と多く、宗教も仏教、イスラム教、キリスト教、道教、ヒンズー教と混在しています。※1

ところがこの数年、ポイ捨てによる罰金刑が増えているようです。２０１４年に一度、ポイ捨ての罰金を引き上げたにもかかわらず、その翌年に32％も罰金者数が増えました。その７割はシンガポール住民で、出稼ぎなどの外国人が多いわけではありません。こういった状況を受けてシンガポールでは、法的な罰則以外に、幼少期からのモラル教育を重視するなど対応を模索しています。

シンガポールの例を見るまでもなく、人の社会的行動を改善するのは容易ではありません。多くの行動経済学者が、この困難なテーマに取り組んできました。特に人を動かす原動力、つまりモチベーションやインセンティブに関する研究が熱心に行われています。この動機づけについては、まず「外発的モチベーション」と「内発的モチベーション」の二つに大別されます。

ごほうびがチャレンジ精神を挫く

外発的モチベーションとは、人の外部から来るインセンティブや報酬です。例えば働いて得る賃金や給料などがあります。お金は有効な手段ですが、熱心な働きが認められること、尊敬される仕事に就いていることなどの社会的承認も影響力があります。他に社会的成功を収める、褒賞や表彰を受ける、試験で好成績を収めるなども外発的モチベーションになります。

内発的モチベーションは、個人の内なる目標や姿勢から生まれるものです。外からの報酬を得るためではなく、自分自身のために自発的に行動する際のモチベーションです。例えばプロとしての誇り、義務感や忠誠心、難しい問題を解く楽しさ、挑戦する気持ち、体を動かす喜びなどが内発的モチベーションになります。

ただし、外発的モチベーションと内発的モチベーションは独立しているわけでなく、関わり合って人の行動を後押しします。

例えば、仕事への誇りという内発的モチベーションを心に持ちつつ、満足いく給与という外発的モチベーションを得て働くといった例があります。このようなケースは日常的に見られます。

二つのモチベーションの関わり合いで問題になるのは、金銭的報酬などの**外発的モチベーションによって内発的モチベーションが阻害されてしまう**ケースです。この現象は「**クラウディングアウト（＝駆逐）**」と呼ばれています。ロチェスター大学大学院のエドワード・デシは、そのメカニズムを実験によって示しました。

具体的な方法として、まず対象者の大学生をAとBの二つのグループに分けて、それぞれにパズルを組み立てる課題を出しました。約60分間の課題を3回行い、合間には8分間の休憩をはさみます。課題を始める際に次のような指示が出されました。

1回目の組み立て：A・Bグループともに全員同じように組み立てる
2回目の組み立て：Aグループには「時間内に組み立てられた場合は金銭的報酬を支払う」と告知、Bグループには告知はなく組み立てるのみ
3回目の組み立て：Aグループには実験冒頭に「予算の関係で今回は報酬を支払えない」と

告知、Bグループには告知はなく組み立てるのみ

8分の休憩時間になると実験の実施者は退室し、対象者の学生が残ります。休憩は自由ですから、置いてある雑誌を眺めても良く、何もしなくても構いません。その様子を実験者が、マジックミラー越しに観察しています。休憩時間に継続してパズルを行う人がいた場合に、その時間を計るのです。自由時間に自主的にパズルを解くならば、それは内発的モチベーションによるものと判断します。

休憩時間にパズルを継続した平均時間は、以下の通りでした。

Aグループ：1回目後248・2秒／2回目後313・9秒／3回目後198・5秒
Bグループ：1回目後213・9秒／2回目後205・7秒／3回目後241・8秒

Bグループの結果は、各実験の後にパズルを続けた時間です。3回の実験を通じて、大きな上下の変化はありません。一方、Aグループは2回目の金銭的報酬を手に入れた後に1回目より時間が伸びています。しかし、金銭的報酬がなくなった3回目の後は、金銭的報酬があった2回目はもちろん、何の告知もなかった1回目よりも短くなってしまいました。

１回目後の休憩時間にパズルを解いたのはＡもＢも、「面白いから」などの内発的モチベーションによるものでしょう。ところが、Ａグループにおいて金銭的報酬の有無がパズルを継続する時間に影響しました。２回目の時間は長かったものの、学生の意識がパズルへの知的挑戦を楽しむことよりも、金銭的報酬に向けられたと考えられます。その結果、３回目の後にパズルを解く時間が短くなったのです。

金銭的報酬という外発的モチベーションが、知的挑戦を楽しむという内発的モチベーションを失わせたと解釈できます。これが、クラウディングアウトです。

罰金がモラルを低下させる

前項のジグソーパズルの話題に類似する実験は多数行われています。それらにより「少額の金銭的報酬を支払うと被験者の意欲が低下し、まったく報酬を支払わない場合よりもパフォーマンスが落ちること」などが証明されています。これらの実験から「報酬は意欲を高める」のが当然と考えられていましたが、実は「報酬が意欲を下げる」可能性もあることが明らかになりました。

このクラウディングアウトは、様々な場面で発生し、日常生活にも影響を及ぼします。経済学者のウリ・ニーズィーとアルド・ルスティキーニは「保育園での実験」で、そのことを明らかにしました。

実験が行われたイスラエルの保育園では、（多くの保育園と同様に）保護者が決められた時間までに、子供を迎えに来ないことが問題になっていました。その結果、閉園時刻を過ぎても保育士が残って子供の面倒を見なければならず、コストも労力もかかります。この実験では、遅刻をした保護者に対して罰金を導入して、その結果を観察しました。

方法は10カ所の保育園での20週にわたるフィールド調査です。最初の４週間は何もせず、全保育園でお迎えに遅刻する親をカウントしました。次に６施設で10分以上の遅刻に罰金を科しました。残りの４施設はそのままです。この罰金制度の導入後17週目に罰金制度を撤廃しました。

実験の結果、まず罰金を導入した保育園で遅刻する親が明らかに増加しました。その後に罰金を撤廃しても、遅刻する親の数は増えた状態のままで、戻りませんでした。何もしなかった最初の４週間よりも、むしろ増えた状態に留まってしまったのです。

このような結果になったのは、保護者たちが罰金を抑止策でなく「別のお金」と認識したことが原因と考えられます。罰金導入前の保護者は、保育園に気を使い、遅れないように努力するという内発的モチベーションを持っていました。ゆえに、可能な限り時間内に迎えに来ていたのです。ところが罰金導入後に保護者は、これを遅刻の「免罪符」としました。遅刻に対する「罰金」ではなく、保育時間後に少しの間、子供を保育してもらう「対価」ととらえたのです。「どうせ支払ったお金は保育園の追加収入になるだろう」と考え、これは保護者と保育園の双方に有益だと一方的に解釈したのです。その結果、以前は遅刻の歯止めとなっていた「罪悪感」を抱かなくなってしまいました。つまり、罰金という金銭的な負の外発的モチベーションによって、協力的な保護者であろうとする内発的モチベーションがクラウディングアウトされたのです。

人間をモチベートするのは難しいものです。保育園のケースでは、外発的モチベーションと内発的モチベーションが保護者の心の中でぶつかり合いました。結局はお金が良心をクラウディングアウトしてしまう結果に終わります。そして、非常に重要な「モラル」が損なわれてしまいました。一度傷ついたモラルはなかなか修復されません。

シンガポールの罰金制度は、まさに外発的モチベーションです。当初は効果がありましたが、内発的モチベーションがなかったため、問題は解決されなかったのかもしれません。

世の中に罰金制度は数多くありますが、罰金に頼っても根本的な課題は解決されません。外発的モチベーションによって表層的な結果をコントロールできても、より良い行動を自主的に起こさせることはできないのです。

この教訓からは、人を動かす仕組みを作り運用する際には、外発的モチベーションと内発的モチベーションを的確に組み合わせることが重要だとわかります。これがうまく行けば、高い効果を上げられます。

この考え方は汎用性があり、多くのテーマに対応できます。例えば、企業の人事制度や社員教育など働くモチベーション、学校などでの学ぶモチベーション、スポーツで競うモチベーションなどです。実際に活用されるケースも着々と増えています。

人は、あえて損をする選択をする

相田みつを（１９２４～１９９１）は日本の詩人・書家です。独特の書体で、短く平易な言葉を書く作風で多くの人に愛されています。１９８４年に出版され、その後ミリオンセラーとなった詩集『にんげんだもの』をきっかけに広く知られるようになりました。挫折を乗り越えて作り上げられた作品は、自らの実生活が重ね合わされているのが特徴で、特に次の作品は有名です。[※2]

つまづいたって
いいじゃないか
にんげんだもの
みつを

この相田みつをの作品や考え方に共感したのが、２０１７年にノーベル経済学賞を受賞した米シカゴ大学教授のリチャード・セイラーです。セイラーは、経済学を学び始めた頃から正統派の経済学に疑問を抱いていました。なぜなら、既存の経済学は人間をあまりにも合理的で冷徹な存在として描いていたからです。その経済モデルにおいて設定された人間「ホモ・エコノミカス」を、セイラーは「エコン」と呼んでいます。そして、これと異なる実際の人間を「ヒューマン」と呼びました。

実際の人間は、必ずしも経済的合理性だけで動くのではなく、あえて損をする選択をします。また常に個人主義的なわけではなく利他的な行動もするものです。こういったことを実験などで実証しながらセイラーは、これまでの経済学は経済モデルの前提部分に欠陥があると指摘しました。エコンの意思決定において無視されてきた、人間の非合理的な部分を経済モデルに組み込むべきだと主張したのです。

セイラーは相田みつをの人に対する洞察が、ヒューマンをうまく表現していると指摘しました。さらに、相田みつをのファンであることを公言しています。相田みつを美術館に足を運び遺族とも会っているそうです。セイラーは、経済学者として「にんげんだもの」を前提として、「市場でどうやり取りが行われるか、結果的に市場がどうなるかを考えてきた」と来日時のインタビューで語りました。

セイラーら学者たちが究めようとする行動経済学の根底には、「人間らしさ」を大切にしようという考え方があると私は考えています。この学問は1990年代以降に急速に発展し、徐々に主流派経済学の一部として扱われています。

当初は主流派経済学に対する批判から始まり、人間が必ずしも合理的ではないことを明確に示しました。今では、その一歩先に進み、単なる研究にとどまらず**社会や生活に良い影響を与える試みを始めています。それは必ずしも高尚なことばかりではなく、身近なところから人を支える学問として、その力を発揮している**ように見えます。

次項では、行動経済学が人の健康に良い影響を与えている事例を紹介しましょう。

社員の健康を増進するグーグルの食堂

グーグルは、「食事はすべての基本だ」という考えのもと、社員に対する飲食物の提供に力を入れています。日本オフィスでも、豊富なメニューを取り揃えたランチが無料です。飲み物の自動販売機ではお金を入れずに、ボタンを押すだけでペットボトル飲料が出てきます。食後のデザートも豊富に提供されるので、新たに入社した社員の中には太ってしまう人もいるようです。

グーグルはかつて「社員の寿命を2年延ばす」と宣言して、計画を具体化させました。その一つとして知られているのが、ニューヨークオフィスにおける食堂のレイアウトの工夫です。改善の目的は、食べたい物を好きなだけ食べるのではなく、極力健康に良い食事を摂るよう社員に促すことです。

また、必要以上に食べ過ぎないようにします。具体的には、食べ物のレイアウトを工夫しました。例えば、野菜をできるだけ目立つところに置き、リンゴやバナナなど体に良い食べ物を取りやすい中央に配置します。逆に、デザートは目立たない場所に置きます。色とりどりのチョコレートが詰まった透明なディスペンサーは、不透明で取りにくい容器に変えました。

改善は決して複雑ではなく、むしろシンプルですが、開始早々に成果が出始めたと言われています。例えば、デザート一回分を小さいサイズとすることにより1週間で、菓子類によるカロリー摂取は9％低下しました。

さらに小さい取り皿を選びやすくして、置き場に「大きなお皿を使う人ほど、よりたくさん食べる傾向があります」と表示しました。その結果、小皿の利用率が1・5倍に上がり、全体の32％が小皿を利用するようになりました。

甘いソーダ飲料を自由に取って飲める冷蔵庫がありましたが、その中でミネラルウォーターを取りやすい場所に、ソーダ飲料は取りにくい場所に移動しました。この配置移動だけで水の摂取量が47％増え、飲み物からのカロリー量は7％減りました。

これらはすべて、**強制や命令をすることなく、暗に良い行動を示す**という発想です。この方法は行動経済学における「**ナッジ（nudge）**」と呼ばれるものです。次項では行動経済学とは何か、さらにナッジの活用についても解説をします。

男子トイレにシールを貼ると清掃費が下がる

ナッジの訳は「ひじで軽く突く」というものです。**選択を禁じることも、インセンティブを大きく変えることもなく、予測できる形で人々の行動を修正する仕掛けや手法**です。

これは、前出のシカゴ大学教授のリチャード・セイラーらが発案したもので、「人々に必要な情報を提供すれば経済行動をより合理的な方向に変えられる」というものです。

そのナッジの典型的な事例が、アムステルダムの「スキポール空港のトイレ」です。

ここの男性用小便器の中には小さな黒いハエの絵が描かれています。中央ではなく少し左側に描かれ、自然に止まっているように見えます。用を足すときに利用者は無意識に、このハエを狙おうとします。

非常に簡単な仕組みですが、飛沫による汚れ率は80％減少したそうです。結果的に、空港トイレの清掃コストが８％減少したと試算されています。

スキポール空港のトイレ

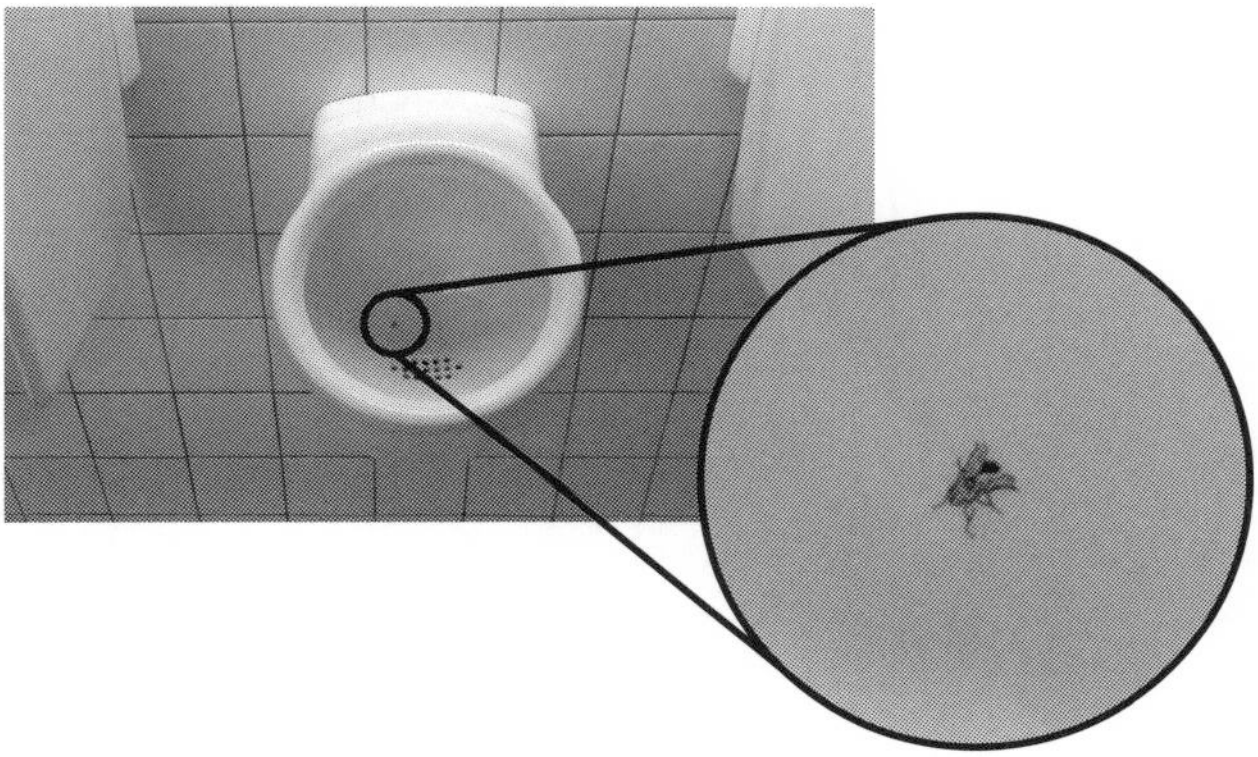

ハエの絵の代わりに「トイレをきれいに使いましょう」と張り紙をしても、おそらく効果は薄かったでしょう。利用者の良心に訴え、小言のようなメッセージを伝えても、人の行動は変わらないのです。

ナッジを活用して人々を無意識のうちに誘導することで、清掃費を削減し、多くの人々がメリットを享受しました。

今ではこの手法が、弓矢の的やサッカーゴールのデザインなど、様々に形を変えて世界中のトイレで役立っています。

階段がピアノになると上がりたくなる心理

前項の他にも、ナッジの活用事例は数多くあります。その一つが、スウェーデンのストックホルムにおける「地下鉄駅階段をピアノにする実験」です。

市内のオーデンプラン駅から地上につながる階段を、ピアノの鍵盤のようにデザインしました。色を塗り、センサーを取り付け、上り下りして階段を踏むたびに、スピーカーから鍵盤の音階に合わせたピアノの音が出るようにしたのです。

これは自動車会社のフォルクスワーゲンによる、公共サービスプロジェクトの一環でした。人々に体を動かしてもらうために、エスカレーターではなく階段を使うように促したのです。その結果、階段を利用する人が66％増加しました。

このケースでは階段を上り下りする面倒な行為を楽しい体験に変えました。楽しみたいという無意識の欲求に訴えるナッジです。

ストックホルムの地下鉄駅階段をピアノにする実験

その後、階段をピアノにする手法は広がり、パリのモンパルナス駅、中国南京の地下鉄など世界中で活用されています。

一方でナッジは、欧米の公共政策においても成果を上げています。従来からの公共政策では、補助金や税制優遇によって人々の行動を誘導する方法が常道でした。そこで、その方法ではうまくいかないケースにナッジが使われるようになりました。

英国では、デーヴィッド・キャメロン元首相が２０１０年の首相就任直後に政策の企画立案部署「ナッジ・ユニット」を設置し、ナッジによる政策を実施しました。米国や日本でも導入が試みられています。

こうして世界中でナッジが活用されるようになり、成果が数多く生まれています。欧米では労働者の退職金積立行動を促進することに成功し、省エネ行動を改善した実績もあります。医療機関での受診率を高めました。今も様々なプロジェクトが進行中です。

このように行動経済学は単なる理論でなく、現実世界の政治や社会を動かす力をもつことが証明されているのです。

面倒くささと損をしたくない心が行動を決める

ナッジの仕組みは、**選択者の自由意思への影響をなくし（少なくし）つつ、合理的な判断へと導く**というものです。これを「**選択アーキテクチャー**」と呼びます。これにはいくつかのパターンがありますが、主な四つを紹介します。

①選択肢の構造化

これは**選択肢をわかりやすくすることによって、行動を促す仕組み**です。選択肢が多過ぎると、人は選択自体をやめてしまう傾向があります。こういった場合でも選択肢を構造化し選択しやすくすることで、行動を促進することができます。

典型的な例として飲食店で、たくさんあるメニューの中に「店長のおすすめ」などのマークを表示することがあります。カレー料理などで「辛さのレベル」が表示されたメニューもあります。サブマリンサンドウィッチのファストフードチェーンであるサブウェイでは、メニューにカロリー表示を試みたところ、カロリーが少ない商品の売り上げが上がったという結果が出ています。

他にはECサイトでの「リコメンド機能」も、選択を容易にした事例です。過去にどんな商品を買ったのか、どんな商品を閲覧しているのかなどのデータをもとに、適した商品が表示されます。これらは皆、ナッジを活用した仕組みです。

②デフォルト

望ましい選択をあらかじめ初期設定にする方法です。選択者はこの設定を変える負担を避けて、初期状態を受け入れるようになります。

例えば新品のスマホには、いろいろなアプリが入っています。放置すればメモリーの無駄遣いになってしまうのですが、不要なアプリを一つ一つ探して削除するのが面倒で放置する人は多いです。また、ECサイトで購入後にメルマガを「受け取る」と初期設定がしてあるケースも同じです。あえて拒絶しないかぎり、特に望まなくてもメルマガ会員になってしまいます。

その他「臓器移植の意思表示」の例もあります。

脳死した後の自身の臓器提供に同意する率は国によって大きく違います。オーストリアでは98％、スウェーデンでは86％、逆にドイツは12％、デンマークは4％といった具合です。隣り合う距離にあり、かつ言語や文化が近い国同士でも同意率が違うのです。

この理由は初期設定でした。同意率の高い国は「提供したくない」人が所定の欄にチェックする仕組みです。逆に同意率の低い国は「提供したい」人がチェックする設定でした。多くの人がデフォルトを変えませんでした。即ち臓器移植に関して、**自発的な意思決定と意思表示を避けた**わけです。

行動経済学では、このような意思決定バイアスを「**初期値効果**」と呼びます。

③フィードバック

何らかの行動を起こした人に対して、その内容に応じた反応を返す仕組みです。

フィードバックは様々な形を取ります。例えば昔のフィルムカメラは、撮影後に現像するまで出来栄えがわかりません。つまり、フィードバックはありませんでした。現在のデジタルカメラでは撮影直後に小型画面で確認できます。このフィードバックにより、撮り直すべきかどうかを撮影者が判断できます。

フィードバックによって行動を誘導することは可能です。前出の英国政府（キャメロン元首相の政策）による施策では、税金を支払わない人へ送る督促状に同じ地域に住む人々の納税率を記載（ほとんどの人が期限内に納税していることを明示）しました。すると、納税率が68％から83％に改善。２０１２年からこの内容の納税通知書に切り替えると、１年で２億ポンドの税収増を実現したのです。

また、その他の成功例に、米国のエネルギー会社「Opower」による省エネの施策があります。この会社はナッジを活用した「家庭エネルギー報告書」を各利用者世帯に送りました。報告書では該当世帯のエネルギー消費量とともに、近隣地区の消費量を比較できるよう表示したのです。そのうえで節約方法をアドバイスしました。この結果、エネルギー消費量を約2%～3%削減できました。これは電力料金を、短期的に約11%～20%引き上げるのと同じくらい大きな影響です。


このように、ナッジによって省エネを促す実験は日本でも2016年に行われました。北陸電力の管内2万世帯に対する「家庭エネルギー報告書」のフィードバックで、1カ月に0・9%、2カ月で1・2%の省エネ効果を上げました。ちなみに、2万世帯で1・2%は小さいように見えますが、240世帯分の電力消費量がゼロに削減されたと同じ意味です。

これらのケースでは、他の家庭がどの程度、省エネに取り組んでいるかという情報をフィードバックすることによって行動を誘導したわけです。省エネに努力した人々の心の中には、自分自身のメリットだけでなく他者を含む社会全体のメリットを大切にする気持ちがあったことでしょう。行動経済学では、このように**公正、利他的で互酬性のある選択や行動を「社会的選**

好」と呼んでいます。

④インセンティブ

特定の行動を取った際に得する仕組みを作り、無意識にその行動を取るよう動機づける方法です。例えば、スポーツクラブのマシンで運動する際に燃焼カロリーが表示されれば、これがインセンティブとなります。運動でどれだけ脂肪が燃焼されたかを確認できれば、さらに頑張ろうという意欲が湧きます。このようにインセンティブをうまく設計することで、行動を誘導できます。

この事例の一つに、東京都八王子市が「がん検診受診率改善」のために行った実験がありました。当時、市内における死亡原因の第一位は「がん」でした。部位別では大腸がんが最も多く、早期の発見と治療につながる検診を普及する必要がありました。この実験を行う以前には、その前年度の大腸がん検診受診者に対して、年度初めに便検査キットを送付していました。しかし、キットを使用（受診）する率は上がりませんでした。そこで、キット未使用者へ、受診を勧めるハガキを送る実験を行ったのです。その際、インセンティブを変えた以下のAとBの2種類のハガキを送付しました。

Ａ：今年度、受診された方には、来年度もキットをお送りします
Ｂ：今年度、受診されなかった方には、来年度はキットをお送りできません

それぞれ同数のハガキを送った結果、Ａの「受診すれば得する」訴求では22・7％、Ｂの「受診しないと損する」訴求では29・9％が受診する結果となりました。

どちらも受診の動機づけになったのですが、「損失」を訴求した方が強く行動を促す結果となりました。この背景には、行動経済学における「**損失回避**」の心理が働いていたと考えられます。

この損失回避について、これを考案したノーベル経済学賞を受賞した行動経済学者でプリンストン大学のダニエル・カーネマンは著書『ファスト＆スロー』[※3]の中で例を挙げて説明しています。次のコイン投げギャンブルは「魅力的か」、また「自分でやるか」という質問です。

コインの裏が出たら１００ドル払います。表が出たら１５０ドルもらいます

裏表の確率は同じで、もらう金額のほうが多いので合理的に考えれば賭けるべきです。ところが、多くの人は断ります。なぜなら１００ドル損する恐怖や不満は、１５０ドル得する喜び

や満足よりも大きいためです。

このように**損失を利得より強く感じる心理的バイアス**を「損失回避」と名づけました。前述のコイン投げについてカーネマンは、「平均的には、表が出れば２００ドルもらえるくらいのメリットがないとギャンブルはしない」と言います。がん検診のケースでも、今受診しないと、がん検診の機会が失われるという状況を作り損失を回避させることで受診率を上げることができたのです。

ここまでナッジの事例をいくつか紹介してきました。セイラーが主張するナッジの根底には**「リバタリアン・パターナリズム」**という考え方があります。これは、**権力的強制に頼らず人々の選択の自由を狭めない「リバタリアニズム」と、人々に有益な行動を促し、あるいは有害な行動を控えさせることで、状況を改善させるよう働きかける「パターナリズム」という二つの考え方を組み合わせた**ものです。

ナッジは、税、罰金、報奨のような強制的な仕組みを使いません。あくまで「自由を守る」ものでなければならないのです。例えば、誰かが食べ過ぎる問題があるとしても、食べることを規制し、食べ物を値上げするような手法はナッジではありません。あくまで自由意思で、例えば小さい皿を選ぶようにするのがナッジです。

強制ではない証拠に**「間違った選択をしてしまう自由」も残す**わけです。自分が望めばいくらでも食べて太ることができますし、それが愚かだとしても禁止することはナッジではないのです。

人間は心理的バイアスに選択を左右されるものです。目の前の誘惑に負けたり、十分に検討せず軽率な買い物をしたり、現状維持にこだわることもあります。このように人間は不完全なものであることを認めたうえで、もしバイアスがなければ選んだであろう、より良く、より正しい行動を取るように勧めるのがナッジです。

ナッジは、行動経済学の短い歴史の中でも比較的新しい概念です。過去に発見された様々な行動経済学の法則をふまえて発想されました。ナッジは、行動経済学が人間らしさを大切にした学問であることを改めて示しています。人間が幸せになるための指針としての役割を果たすもの、と言うこともできるかもしれません。

集中力の持続時間には限りがある

仕事や勉強に追われる多くの人々にとって、「集中力」は重要な関心事です。集中すれば、短期間で効率的に作業を終わらせることができます。昔は「頑張れば、いくらでも集中できる」といった根性論もありました。ところが実際は、集中力は人間がもつ有限の資産です。このことを英国の心理学者ノーマン・マックワースは科学的に証明しました。人が持続して集中できる時間に限りがあること示す実験を行ったのです。

実験の方法は対象者が2時間、時計のような実験装置を見つめ、針が2秒分ジャンプするのを見つけると手元のスイッチを押すというものです。その行動を観察すると約30分経過した頃から見落としが急に増えます。つまり、集中力の持続は30分が限界なのです。一方、高い集中力が必要な仕事は15分が限界という説もあります。例えば国際会議での同時通訳は3人が1組となって、15分ごとに交代するそうです。

この集中力を高める方法として、適度な運動が良い、睡眠不足が悪影響を及ぼす、好奇心が強過ぎると良くないなど様々な説があります。しかしながら、集中力を強化する決め手となる方法はありません。その結果、手っ取り早く「脳機能サポート」などと銘打ったサプリやドラッグに手を出す人もいるようです。

米国などでは、ベンチャー企業で働くビジネスパーソン、学生などの一部でスマートドラッグの利用が広がっています。イギリスの調査会社 Global Drug Survey による世界最大規模の薬物調査の結果、２０１５年には米国の回答者の約20％、２０１７年には約30％が、記憶力や集中力を高めるために、スマートドラッグに属する処方薬を使っているという結果が出ました。

一言でドラッグと言っても、栄養補助食品のサプリであれば、使用法を理解して大量摂取を避ければ大丈夫だと言われています。問題はより強力な処方薬です。ＡＤＨＤ（注意欠如・多動性障害）や睡眠障害などの治療に使われる成分を含んだドラッグを購入できるサイトが米国などにあるのです。米国内でもこれらを通じて医師の処方箋なしで処方薬を入手、利用することは違法です。ただ、発覚して処分されるケースは少ないようです。当然、日本への個人輸入や国内での所有は違法ですが、税関でのチェックをすり抜けるケースがあると言われています。危険な処方薬を服用すると依存に陥り、うつや幻覚などの副作用も起きかねません。いくら集中力を高めたくても、健康を損ねてしまえば意味がありません。

厳しい締め切りは生産性を向上させる

健康面、法律面で問題の多いスマートドラッグを使わずに集中力を高める方法があれば、多くの人に役立つことでしょう。そんな役割が期待できる、行動経済学の法則があります。それが「**締め切り効果**」です。

人は締め切り日時が明確に与えられると、間に合うよう頑張るものです。意識しなくとも、作業に集中します。「時間に余裕のない状態」が集中力を向上させるのです。皆さんも、1カ月先が締め切りの仕事や勉強より、1時間後が締め切りのほうが、集中力を発揮できたという経験があることでしょう。これは締め切り効果によるものです。同様の効果を「集中ボーナス」とも呼びます。

デューク大学のダン・アリエリーらは、この法則を証明する実験を行っています。

その方法としてまず、対象者の大学生に3週間で10ページのレポートを3本校正する仕事を与えます。修正できた本数ごとに報酬を渡します。対象者を以下の3グループに分けて結果を比較しました。

（1）3週間後に3本まとめて提出する「ぎりぎりグループ」
（2）1週間に1本提出する「毎週締め切りグループ」
（3）自分で締め切りを設定する「お任せグループ」

実験の結果、「毎週締め切りグループ」が一番時間をかけて（84分、ほとんどのミスを見つけました。「ぎりぎりグループ」は一番短く（51分、見つけたミスは最も少なかったです。「お任せグループ」はその中間という結果になりました。この結果からわかるのは、お任せやゆるい締め切りの設定ではなく、**厳しい締め切りを課すことで生産性が高まるということです。そこでは集中力が発揮されている**のでしょう。

さらに、課題を細かく分割して短期間の締め切りを複数定めるなど、方法をアレンジすることで、より効果を高めることも可能です。

「締め切り」は集中力を高め、作業を効率的にすることは確かですが、注意すべき点が一つあります。心理学でいう「**トンネリング**」です。これは**何かに集中した時に、まるでトンネルの**

中にいるかのように対象以外のことが見えなくなる状態です。人間の能力には限界があるので、周りの物事すべてに集中することはできません。むしろ目の前にあるものに全力を注ぐために、それ以外のことをシャットアウトする力が集中力であると言うこともできるのです。

ですので、「締め切り効果」とともに「トンネリング」も覚えておくことが重要です。締め切り設定で集中した時、同時に視野が狭くなる可能性があることを自分自身で認識しておけば、目前の課題以外がおざなりにならないよう配慮することが可能になります。

1
S M T W T F S
1 2 3 4 5 6
7 8 9 10 11 12 13
14 15 16 17
Dead
21 22 23 24 26 27
28 29 30 31

悲しみは喜びの2倍以上に感じる

締め切り効果とは別の考え方ですが、目標の設定に関しては良い見本があります。日本球界と米国メジャーリーグで活躍したイチロー選手です。イチロー選手はシーズン中の目標を「打率」ではなく、「安打数」に設定していました。それによって1年間の長いシーズンを調子の波を少なくしながら、モチベーション高く行動しました。

では、打率と安打数はどう違うのでしょうか。

まず打率というのは、シーズン開始からの通算安打数を打数で割った数値です。この数値の特徴は常に上下に動くことです。3割をマークしている強打者でさえ、次の試合で4打数1安打に留まれば確実に打率は下がります。平均3割をキープしている打者でさえ、長いシーズンの中では、不調で2割5分に降下することがあれば、逆に3割5分まで上げることもあります。

例えばこのような場合での、同じ「5分」のアップとダウンにおける、上昇した喜びと下降した悲しみは同じではありません。原因は「**損失回避**」です。**同じ率の上下でも、悲しみは喜**

びの「2倍以上」なのです。従って平均3割をキープしたとしても、シーズン途中の打率の上下に合わせて、喜びとそれ以上の悲しみを心に抱えながら出場することになります。結果的に年間の通算の悲しみは、通算の喜びの2倍以上というわけです。

一方で、安打数というのはヒットを打つごとに積み上がる数字です。増えることはあっても、決して減ることはありません。

実は、**人間は連続して物事が起きる場合に、時間の経過につれて満足が拡大することを好む**心理があるのです。行動経済学では、これを「**上昇選好**」と呼んでいます。

イチロー選手は、意識的か無意識かはわかりませんが、上昇選好を活用した目標設定を行いました。そして年間200本安打を10年連続で続けるというメジャーリーグ記録を達成したのです。

イチロー選手のような目標設定は、自分には縁がないと思う人もいるかもしれませんが、必ずしもそうとは限りません。

例えばお金の投資運用を想像して下さい。最低限の目標は、自分の資金を増やすことです。ただ市況によって運用成果は上下します。場合によっては現状維持がやっとかもしれません。

ところが仮に1万円投資しているとして、1万1000円になった時の喜びよりも、その後に1万円に戻った時の悲しみの方が2倍以上大きくなります。損失回避の影響です。上がり下がりで元に戻っただけで損はしていないのに、精神的にはダメージを受けるわけです。

こうしたダメージが積み重なると、誤ったタイミングで売り買いをするなどのミスが起きます。そして、大事な資金を失ってしまうのです。

つらくなりにくい目標の立て方

イチロー選手の場合は、打率ではなく安打数を目標に設定することが解決策でした。では投資の場合はどうでしょう。

投資の心理においてマイナスを感じるのは自分の資金が下がった時です。だとすると、そのような体験をする機会を少なくすることが解決策になるかもしれません。

具体的な方法としては、投資信託などを長期運用する「ほったらかし投資」があります。あえて資産状況を小まめに見るのではなく、ある程度上下が落ち着いたところで、まとめて確認するのです。その時点でマイナスならば残念ではあるでしょう。しかし、そこに至る経過で資産が増減することによる心理的ダメージは軽くなります。

よく初心者向けに長期分散投資を勧めるケースがありますが、その背景にあるのも、一喜一憂を避けて長期で結果を見るよう推奨する考え方です。

このような目標の設定と管理の考え方は、イチロー選手でなくとも、日常において活用することができるでしょう。

これらの実験や事例からわかるように、**締め切り効果や集中ボーナス、上昇選好などを実生活に取り入れることで、集中して物事を行うことが可能**になります。この方法は、企業における働き方、学校や自宅での学習の方法などはもちろん、様々な場面で活用できます。さらに**損失回避を意識した目標の設定と管理を、合わせ技で活用することにも有効**です。

これらはドラッグなどに頼ることなく、スマートに行動や時間の管理をする知恵ですから、ぜひ覚えて活用してみてはいかがでしょう。

第2章

心が揺れる行動経済学

一度手に入れたら手放したくなくなる心

ソーシャルゲームは、App Store や Google Play、SNSなどで入手するオンラインゲームです。ユーザー同士でプレイすることで、コミュニケーションを図ることもできます。対戦アクション系、ストーリーのあるRPG系など内容は様々です。2012年に『パズル&ドラゴンズ』が、2018年に『Pokémon GO』がヒットしましたが、今も多くのゲームが登場しており、人気を博しています。プレイは基本的に無料ですが、アイテム購入などの課金もあります。

ソーシャルゲームはスマホの普及が進んだ2010年頃から利用者が拡大し、短期間に急激に普及しました。2018年6月、ゲームエイジ総研は10歳～59歳のアクティブユーザー数は約2958万人と発表しました。同年齢の人口は7332万人ですから、日本人の4割がソーシャルゲームを楽しむレベルにまで定着しました。

1日にソーシャルゲームをプレイする時間は1回7分を平均5回、合計35分間だそうです。

１日24時間から睡眠などの時間を除いた中では高い割合です。なぜなら、一般的なサラリーマンが自由に使える時間は９時〜10時（通勤時間）、12時〜13時（昼食時間）、そして18時〜24時（帰宅後）の８時間程度に限られるからです。

今はこの可処分時間をゲームのみでなく、ＳＮＳ利用、動画の視聴などで取り合っている状態です。そのためソーシャルゲームは、１回の所要時間を短くして、隙間時間にプレイできるようにしてあります。

フランスの社会学者ロジェ・カイヨワは、あらゆるゲームは以下の四つの要素の組み合せでできていると主張しています。[※4]

- **他人との競い合い「アゴン（競争）」**
- **偶然のハプニングと期待「アレア（偶然）」**
- **真似をして、なりきる楽しさ「ミミクリ（模倣）」**
- **非日常感「イリンクス（幻惑）」**

ディー・エヌ・エー（DeNA）の取締役でソーシャルゲーム事業本部長の小林賢治氏は、これらをふまえたソーシャルゲームの魅力を、「社会的関係の中で、自身が介入でき、それによる高度なフィードバック（得るもの）があるエンターテインメント」としました。※5

ロジェ・カイヨワの4項目に従えば、ソーシャルゲームでは以下四つのフィードバックが得られると言えそうです。

・競い合った結果の勝利
・予想外の発見
・自分以外になる経験
・日頃と違う特殊な体験

これらだけでも十分に魅力的ですが、さらにソーシャルゲームならではの様々なフィードバックがあります。目に見えるものから見えないものまで多数あります。具体的には、キャラクターの成長、参加チームの勝利、ゲーム上のステージや地位などです。自分が身につけたプレイのテクニックもその一つです。これらはすべてが自分にとって大切な「保有物」となります。こういった「保有物を手放したくないと思う意識」が、ソーシャルゲームにハマる第一の理由です。

人は何かを保有した時に、それに高い価値を感じて手放したくないと感じるようになります。

この心理現象を、行動経済学では「**保有効果**」と呼びます。この法則を検証するために、ダニエル・カーネマンは以下のような「マグカップの実験」を行いました。

まず、実験参加者の学生をＡとＢの２グループに分け、Ａに大学のロゴマーク入りマグカップをプレゼントします。その後すぐ、Ａグループに「いくらなら、Ｂグループにマグカップを売るか?」と尋ね、Ｂグループには「いくらなら、Ａグループからマグカップを買うか?」と尋ねました。

通常のマグカップは６ドルで販売しているものでしたが、結果の平均は「Ａグループ：７・12ドルで売る」「Ｂグループ：２・87ドルで買う」というものでした。保有者は手に入れたばかりのものなのに、これを手に入れていない人の評価と比べて、２倍以上高い価値があると感じたのです。人間が本当に合理的だとすると、同じものならば、既に持っていても、そうでなくても価値は同じだと考えることでしょう。

人は得よりも損に敏感に反応する

「保有効果」と関係の深い法則が「**損失回避**」です。**人は損をするなどマイナスの刺激に対して、得のようなプラスの刺激より敏感に反応し、無意識に損失を避けようとします。**

次ページ図は、損失回避を表した「価値関数」です。手に入れる価値や失う価値と、それに伴う感情の関係をグラフで表現しました。グラフ上で右に行くほど「得」をし、左に行くほど「損」をしたと考えます。上に行くほど「満足」を、下に行くほど「不満」を感じます。損得と満足・不満足の関係は曲線で表され、右に寄るほど満足が高まって上に向かい、左に寄るほど不満が高まり下に向かいます。

ここで同じだけの得と損によって、どの程度の満足と不満があるかを曲線で見てみます。すると、不満が満足を大きく上回り2倍以上になっているのがわかります。同じだけの得と損ならば、不満が大きくなることがグラフに表されています。

保有効果は、損失回避によって生まれる心理的バイアスとも考えられます。自分の持ち物を失うことを人間の脳は損失ととらえます。そして、失った時の大きな不満や悲しみを避けよう

価値関数

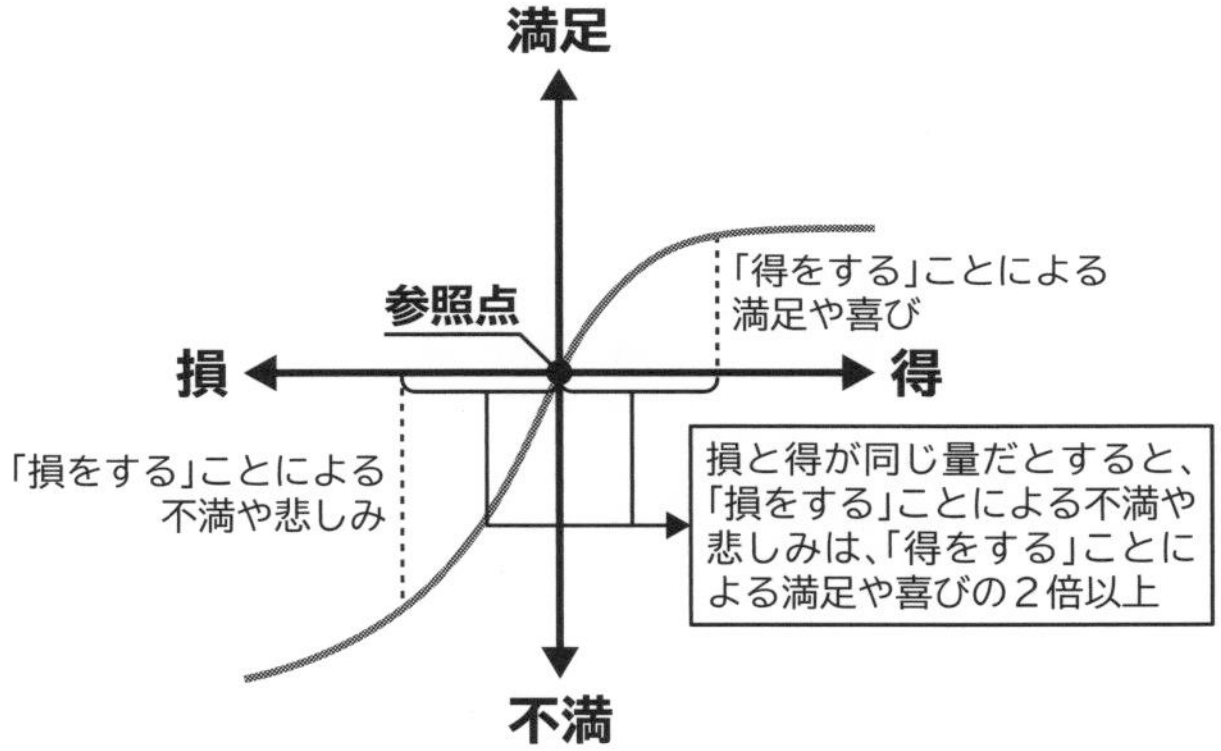
満足
不満
損
得
参照点
「得をする」ことによる満足や喜び
「損をする」ことによる不満や悲しみ
損と得が同じ量だとすると、「損をする」ことによる不満や悲しみは、「得をする」ことによる満足や喜びの２倍以上

とします。これが、保有するモノの価値を極端に高く感じることにつながります。

保有効果は形のある物体だけではなく、地位、利権、権力など無形のモノにも働きます。例えば、高い地位にある人がそれを失うまいと必死になる時、周りの人は「なぜ、それほどまでに地位にこだわるのか？」と冷静に見るでしょう。ところが、本人は自分の地位による保有効果に囚われているのです。

また保有効果は、ただ手元にあるだけではなく、「自分のものにした」ことで生まれます。従って例えば、家具店が販売用のテーブルを、店頭に長く置いても保有効果は生まれません。これは、販売して代金と交換するために持っているものだからです。

ホットケーキミックスは手間を増やして売れた

フィードバックによる保有効果に次いで2番目のハマる理由は、「自分が関与する対象を高く評価する気持ち」です。例えば、家庭菜園で自分が作った野菜は近所のスーパーで買った野菜よりも美味しく感じられるはずです。このように**人間は、自分が努力して犠牲を払った結果や、達成した目標を高く評価したくなる**ものなのです。

ダン・アリエリー教授は、この心理を「**IKEA効果**」と呼びました。スウェーデン発祥で世界最大の家具量販店「ＩＫＥＡ」の家具は、部品がバラバラになった状態で販売されているため、自宅で部品を組み立てる必要があります。完成に手間をかけるこのプロセスを経ると、家具に対する愛着が生まれ、高い価値を感じるのです。

ハーバードビジネススクールとデューク大学では、これを検証する実験を行いました。実験参加者は、折り紙でツルやカエルを作ります。次に、自分や他の参加者が作った折り紙に値段をつけます。そして、自分と他の参加者の折り紙との間にどれほどの価値の差が生まれるのかを測定しました。

参加者たちは自分が作った折り紙に20セント（約20円）以上の価格をつけました。一方、他の参加者が作った折り紙には5セント（約5円）ほどの価格しかつけませんでした。さらに、折り紙の専門家が折った折り紙についても入札を行ったところ、参加者は自分が折った折り紙と同じ程度の価格をつけました。つまり、参加者らは自分が折った折り紙を、専門家によるものと同じくらい高い価値があると考えたわけです。これは、自分が作ったものや、努力して生んだものに過剰な愛着を感じるＩＫＥＡ効果によるものです。

かの有名な発明家トーマス・エジソンでさえ、ＩＫＥＡ効果のバイアスから逃れられなかったと言われています。

１９００年代の後半、エジソンは直流電気を発明しました。その後にセルビアからエジソンの電灯会社に入社してきたニコラ・テスラが交流電気を発明します。エジソンはこの発明を否定し、危険性を主張しましたが、現在では交流電気が主流となっています。

即ちこれは、ＩＫＥＡ効果による影響だと考えられます。

この他にも、ＩＫＥＡ効果が現実に影響を及ぼした出来事があります。

１９４０年代の米国で「ホットケーキミックス」が、売り上げを大きく伸ばしたケースです。この商品は、今でこそ広く認知され一般的になりましたが、発売当初はあまり売れませんでした。当時のホットケーキミックスは、粉に水を混ぜて焼くだけで簡単に作れる商品でした。

ある時、この商品から卵と牛乳の成分を抜き、購入者が自分で卵と牛乳を加えて作るように変えました。すると売れ行きが大きく伸びたのです。ユーザーの手間を省くのではなく、むしろ手間をかけさせることで、手作りの楽しみや自分で作った満足感を与えることができたためです。

これもまた、ＩＫＥＡ効果の影響です。

何度も見ると好きになる法則

ソーシャルゲームで得たフィードバックに対して、保有効果が働くことは既に述べました。その中でも自ら努力して得たものに対しては、さらに強い愛着を感じます。例えば、獲得したアイテム、ゲーム上のステージや地位、身につけたテクニックなどです。プレイヤーはＩＫＥＡ効果の影響によって、これらを非常に価値あるものと思ってしまうのです。

ソーシャルゲームにハマる３番目の理由は、「何度も見るものを好きになる心理」です。繰り返しプレイすれば、その画面を何度も見ることになります。これによって「ザイアンス効果」の影響を受けることになります。これは心理学者ロバート・ザイアンスの研究から生まれたもので、「単純接触効果」とも呼ばれています。「**ある対象への単なる接触の繰り返しによって、その対象への好意度が高まる効果**」です。

これは特別に好まれるべき対象にのみ起きるわけではありません。度合いの差はあれ、ただ見続けるだけで、どんなものでも好きになっていくのです。

ザイアンスは、以下のような実験によりこの効果を検証しました。「特に意味の無い単語（単語）」「中国語の漢字のようなシンボル（漢字）」を、ランダムに異なる回数（1回～25回）提示します。そして提示する回数によって、それぞれの単語や漢字に対する好感度がどのように変化するか測定しました。その結果、提示回数が増えるほどに好意度が増加することが証明されました。

ザイアンスは単語や漢字のみでなく、顔写真などでも実験を行いました。後には多くの学者が、無意味なつづりの単語、意味のある文字、音、絵、写真、無意味な図形、匂い、味覚など様々な刺激を用いて実験を行いました。これらすべてにおいてザイアンス効果が働くことが確かめられています。

また、ダブリン大学のメリッサ・ペスキンは、この接触回数に関して、人の顔写真を一回きりしか見せない写真より6回見せたときのほうが魅力を高く評価してもらえることを実験で確認しています。

このザイアンス効果は接触回数を増やせば自動的に好感を獲得できるシンプルな仕組みなので、ビジネスでも活用されています。

例えば、テレビＣＭを何回も見せることで好感度を上げます。営業マンは顧客に何度も通い続けて、自分を覚えてもらうだけでなく好感を抱いてもらおうと努めます。

ソーシャルゲームのプレイヤーも、プレイする時間中、スタートページ、様々なシーン、登場人物やキャラクターなど映像を繰り返し見続けます。そしてザイアンス効果の影響を受けます。少しずつ、自分がプレイしているゲームに対する好意や愛着が高まっていくのです。

手間や金をかけると損していてもやめられない

ソーシャルゲームにハマる４番目の理由は、「**費やしたことがもったいなくてやめられない心理**」です。

ソーシャルゲームを長く続けると、プレイしてきた時間は膨大なものになります。労力やお金も使います。これらは、よく考えれば他の有意義なことに使えていたかもしれません。ソーシャルゲームをしていなければ、通勤電車の中で本を読めたかもしれません。出勤前や帰宅後に、新聞やテレビのニュースで社会情勢を知ることができたかもしれません。夜も早く寝ることができて、睡眠不足も解消したかもしれないのです。

これらソーシャルゲームで費やした時間、金、労力など、失った「コスト」は当然ながら戻ってきません。にもかかわらず、これらを無駄にしたくないという意識が働いてしまうのです。これは「**サンクコスト効果**」と言われています。**サンクコスト（Sunk Cost）とは、回収が不可能になった投資費用です。**サンク（Sunk）とは「Sink：沈む」の過去分詞形で、「沈んでしまって手元には戻らない費用」という意味です。

今から先の未来に、どんな行動をするか判断する際にはサンクコストを気にするべきではありません。しかし、**多くの人はサンクコストに引きずられて正しい判断ができないのです。サンクコストが無駄になるのがイヤで、損をすることがわかっていても後には引けないと感じます。結果的にはさらに損が広がってしまうのです。**

この法則に関しては、現実社会で実際に起こった事例があります。世界初の超音速旅客機「コンコルド」の英仏共同開発プロジェクトです。この飛行機は当初から、デザインの美しさ、群を抜いたスピードなどによって世界各国から100機を超える注文が入るほど人気を博しました。

しかし、開発を進めていく過程で、長い滑走路が必要であること、離着陸時の騒音が周辺環境に悪影響を及ぼすことが明らかになってきました。またソニックブーム（超音速飛行による衝撃波が生む轟くような大音響）により、実際は洋上高い場合のみに超音速飛行は制限されました。さらには乗客の定員数がわずか100人ほどで、機体そのものも高価で燃費が悪いなど数多くの悪条件が判明しました。

同時期に、速度は遅いながらも大量輸送が可能な大型旅客機が登場したこともあり、購入キャンセルが相次ぎました。プロジェクトは難航し、開発を続けても利益を回収できないどころか、「今すぐプロジェクトを中止して、購入予定企業に違約金と賠償金を支払ったほうがはるかに安くすむ」ほどの大赤字であることが発覚しました。それにもかかわらず、プロジェクトは進み続けたのです。

その理由は「サンクコスト効果」です。それまで投資した予算や時間、労力などがすべて、水の泡となってしまうことを嫌ったのです。さらに関係者が責任問題の追及を恐れたこともあり、プロジェクトは止めることができず大赤字を生む結果となりました。４０００億円の開発費に対して、数兆円の赤字だったと言われています。

サンクコスト効果は、大きなプロジェクトにおいてのみ表れるものではありません。例えば食べ放題の店に入った時に、思わず食べ過ぎてしまうことはありませんか？　支払った食事代が戻らないからといって、無理に食べてしまうのはサンクコスト効果の影響です。

この心理を利用した販売促進も数多くあります。例えば、ＥＣサイトで「あと◯◯円購入すれば、送料無料または◯割引」のようなキャンペーンがあります。これを知った顧客は、今までに購入した金額の積み重ねを無駄にしたくないと思います。

このサンクコスト効果の影響によって結果的に、送料無料や割引で受ける恩恵以上に買い過ぎてしまうのです。

コンコルド開発のような英知を集めたプロジェクトでさえ、サンクコストに囚われてしまいました。そう考えれば、ソーシャルゲームのプレイヤーが、過去に費やした時間とお金と労力を「もったいない」と思ってしまっても不思議ではありません。費やし続けてハマってしまうのも無理はないのです。

継続していることをやめるのはつらい

ソーシャルゲームにハマる5番目の理由は、「もしやっていなかったら、という仮定を避け続ける心理」です。

行動経済学には「**機会費用の軽視**」という法則があります。**機会費用とは、ある選択を行うことで失った（選ばなかった）ものの価値や、もし選択していたら得ていたはずの利益のこと**です。人間は望むものすべてを手に入れることはできません。ある選択をする時、必ず選ばれなかった選択肢があります。しかしながら行動経済学では、こうした機会費用は軽視されがちだということが証明されています。

ソーシャルゲームの場合でも、もしゲームをしていなければ、その時間でできたはずの学習や仕事、友人知人との交流などは、あまり価値がないものとしてスルーされてしまうのです。

これはソーシャルゲームに費やした時間、お金、労力などのサンクコストを、いつまでも気にするのとまったく逆の状態です。こうして機会費用が軽視された結果、「もしソーシャルゲームをしていなければ」と反省することもなく、ひたすらやり続けることになるのです。

それに加えて継続している行動を途中で止めるなどの方法で、現状を変えるのは簡単ではありません。なぜなら「**現状維持バイアス**」の影響を受けるためです。

現状維持バイアスは**未知なもの、未体験のものを受け入れず、現状のままでいたいとする心理的バイアス**です。新たな取り組みを始め、変化を起こせば必ずリスクが伴います。現状を続けるのは必ずしも良いこととは限りませんが、未知のリスクにさらされることはありません。こういった状況では、損失回避の心理が働きます。変化による損失を避けようとして、現状を維持するのです。

この法則は、日常的な行動にも影響しています。例えば、お気に入りのファッションブランドを見つけたら、十分に吟味せず、そのブランドを買い続けることがあります。これも現状維持バイアスによる行動です。あるいは「行きつけ」の飲食店に通うのも、現状維持バイアスです。知らない店に行くことのリスクを避けたい、つまり現状を変えたくないという心理が働いているのです。

米国ボストン大学のウィリアム・サミュエルソンは、486人の大学生に、大叔父から遺産を相続したと仮定して、投資先を決めるという選択をさせてみたことがあります。

学生に決めてもらう選択肢には、ハイリスク、ローリスクどちらの投資先もありました。ただし、あるグループには、「あなたはすでにA社に投資しています」という一文が追加されています。すると、このグループは新しい投資先を選ばず、A社への投資を増やす選択をする学生が増えたのです。A社のリスクなど気にせず、「すでにA社に投資しているのなら、わざわざ他のところに投資する必要はない。ここでいいや」という気持ちが明らかになったのです。

人は、現状のままでいたいとする心理的バイアスが働き、何となく今のままのほうが落ち着くし、安心できるようです。例えば、少しくらい家賃が高くても、何となくその家に住み続けて引っ越しをしないのも現状維持バイアスですし、現在の職場に不満があるにもかかわらず積極的な転職活動をしないのも、この心理的バイアスの影響かもしれません。

この**現状維持バイアスが、機会費用の軽視と結びつくと、完全にハマる**ことになります。ソーシャルゲームのプレイを繰り返すばかりで、他の有意義なことに時間を振り向ける発想を持たなくなります。さらにこのプレイし続ける現状を維持しようとします。これはまるで、出口のない永久運動のようなものです。

ハマったゲームを止める方法

なぜ、人がソーシャルゲームにハマるのかを、様々な行動経済学の法則を用いて、説明してきました。その理由は一つではなく、**複合的にからみあって心理的影響を及ぼしている**ことが、おわかりいただけたでしょうか。ちなみに、このハマる仕組みはソーシャルゲームに限ったものではありません。例えば、ＳＮＳなど他のものにハマる場合もほぼ同じ仕組みです。

もちろん、好きな何かにハマるのは個人の自由です。しかし、もし本当はやめようと思っているのに、なぜかやめられない人もいるのではないでしょうか。そういった人は、ここまで解説した「ハマる仕組み」の知識が役立つはずです。これをふまえて、自分の時間の使い方を改めて考えるのが良いかもしれません。

意に反してハマってしまわないための対策についても、少し触れておきます。心理学者のトム・スタッフォードが主張している「**保有効果への対処法**」です。彼は自分が保有しているものに関して「これをどれくらい大切に思うか」ではなく、**「もし今、これを所有していないとしたら、手に入れるためにいくら支払うだろうか」と自分に問いかけよ**と説いています。つまり、それを保有している状態をいったん離れることが大事だという考え方です。これにより、偏らない目で行動を選択できるというわけです。

ソーシャルゲームの場合であれば、今までゲームをやってこなかったと仮定し、他のことと比較してもゲームすることを選ぶか、自分に問いかけるのです。冷静に判断するためにはサンクコストも忘れる必要があります。誰もが何かにハマる可能性を持っています。そんな時には、これらの行動経済学の知識が必ず役立つでしょう。

バラ色が灰色に変わるマリッジブルーの原因

結婚は人生の中でも特に大きな決断の一つです。新たな家庭を作ることになり、中には住み慣れた家を離れる人もいます。相手の実家や親戚などとの新たな付き合いが生まれます。結婚式を行うとなれば、その内容や費用から招待客のことまで、準備に時間と手間がかかります。こうした中で、結婚が決まって幸せなはずなのに、迷いや焦り、不安が生まれ、時に情緒不安定になるのがマリッジブルーです。

株式会社ＨａＫａＬｉが２０２２年に、直近5年以内に結婚した人に対して行った調査では、女性の42％、男性の34％がマリッジブルーを経験しています。

ちなみに海外では、カリフォルニア大学のトーマス・ブラッドベリーらが２０１２年に「マリッジブルーと離婚の関係」調査の結果を発表しています。[※6] 調査対象の既婚者４６４人の中で、女性38％、男性47％が婚約期間に結婚を躊躇するマリッジブルー経験者でした。全体の４割以上という割合です。

結婚が決まった瞬間は嬉しかったはずなのに、結婚式が近づくにつれて憂鬱になってしまうのは不思議です。このように、**時間の変化につれて判断や評価が変わる心理的バイアス**を、行動経済学では「**解釈レベル理論**」と呼んでいます。ニューヨーク大学のヤーコブ・トロープとテルアビブ大学のニラ・リバーマンが提唱した理論です。

人々は時間的に遠い対象に対しては、より抽象的・本質的・特徴的な点に注目し、逆に時間的に近い対象に対しては、より具体的・表面的・瑣末的な点に注目します。

例えば、旅行に行くことを決め、それがまだ遠い先の時は、旅先の美しい景色や美味しい食事などを思い浮かべますが、旅行が近づくにつれて待ち合わせの詳細や、持ち物の過不足などを気にするようになります。まるで、遠くからは森が見え、近いと木が見えるような状態です。

マリッジブルーの場合で言えば、結婚を決めた時点では、プロポーズから結婚式まで半年から1年はあるでしょうから、心理的な距離は遠くなります。この段階では結婚できる幸せを感じ、結婚式のイメージなどを漠然と頭の中で思い浮かべます。

そこから、結婚が近づくにつれて心理的距離も近くなります。そして結婚式に招待する客の選別や席順、食事の内容からお色直しの回数まで、細かいところに目配りすることになります。当然ストレスも増えていきます。そして、マリッジブルーになるわけです。

時間がないと興味のない方を選択するのはなぜか

解釈レベル理論においては、時間の長短だけが重要なわけではありません。**時間を含めた「心理的な距離」が遠いか近いかが問われます。対象となる物事や出来事に対する、心理的距離が遠いほど抽象的なレベルで考え、近いほど具体的なレベルで考える**のです。

心理的距離には「空間的距離」（例：１００ｍ先の店舗と１㎞離れた店舗）、「社会的距離」（例：自分から見た時の自分と他人）、「経験」（例：実際に手に触れた製品とネット上で見ただけの製品）、「仮説性」（例：１００％の確率で行ける旅行と、50％の確率で行ける旅行）などが含まれます。

また、次ページ図[※7]「高次と低次の解釈レベルの例」は、解釈レベルによる対象のとらえ方の違いをまとめたものです。心理的距離が遠いほうを「高次の解釈レベル」、近いほうを「低次の解釈レベル」としています。

解釈レベル理論を検証する実験を、トロープとリバーマンが行っています。学生に対して２

高次と低次の解釈レベルの例

高次レベル	低次レベル
本質的	副次的
抽象的	具体的
上位的	下位的
Why	How
なぜそれを行うのか	どうそれを行うのか
何のためにそれを使うのか	どうやってそれを使うのか
製品の機能	製品の使いやすさ
結果の望ましさ	結果の実現可能性
クジの当選金額	クジの当選確率

種類の課題を出します。一つは「社会心理学の歴史というつまらないテーマですが、母国語で書かれた文献を用いるやさしい課題」です。もう一つは「ロマンティックな恋愛といった面白いテーマですが、英語で書かれた文献を用いる難しい課題」です。課題の締め切りを1週間後と9週間後の2パターンとした時に、早い締め切りと遅い締め切りで、それぞれどちらの課題を選ぶか尋ねます。

その結果、近い将来は「つまらなくても簡単に実現できる課題」、遠い将来は「実現が難しいかもしれないが面白い課題」が選ばれる結果となりました。つまり、時間的に遠ければ高次の、近ければ低次の課題が求められたわけです。

目先の利益を求めてしまう心理

トロープとリバーマンは別の実験でも、解釈レベル理論を実証しています。まず実験対象者に、キッチンで音楽を聴くために「時計付きラジオ」を買うことを想定してもらいます。候補は2種類あり、一方は「ラジオの音質は良いが、時計は見にくいもの」、もう一方は「時計は見やすいが、ラジオの音質は悪いもの」です。買う時期と合わせて、どちらを買うか選んでもらいます。

この実験の結果、遠い将来に買うことを想定した人は前者、近い将来に買うことを想定した人は後者を選びました。この場合、キッチンで音楽を聴くことが目的ですから、ラジオの音質は本質的な機能であり、時計の見やすさは副次的な機能です。調査の結果、遠い時期には本質的なラジオ機能を、近い時期には副次的な時計機能を求めることが明らかになりました。

この他、ニューヨーク大学のマイケル・サグリターノも実験を行っています。ギャンブルをする時期と目的の関係について調べるものです。この調査では、時間的に遠い場合は「当選金額」が高いギャンブルが選ばれ，近い場合には「当選確率」の高いギャンブルが選ばれる結果になりました。ギャンブルにおける理想は「多額の賞金」です。一方で目先の利益を考えると、もらえる「可能性の高さ」を求めたくなります。この実験からも、心理的距離が遠ければ本質的で上位の要素が望まれ、近ければ副次的で下位の要素が望まれることがわかります。

これらの実験からも、解釈レベル理論によるバイアスが人間の判断から一貫性を失わせることがわかって頂けたと思います。このバイアスは、結婚のような人生における幸せなイベントに対しても悪影響を及ぼします。このような問題への対策として、まず重要なのは自分自身がこういったバイアスの影響を受けて、感情が揺れてしまう可能性があると知っておくことです。そうなるのは「心が弱いから」ではありません。心理的バイアスは無意識のうちに心をコントロールするのです。

このことを理解しておかないと、自分自身を信じられなくなるかもしれません。逆に他人に非があると思い込んでしまう可能性もあります。こういったことにならないよう、冷静に対処するために、事前に知識と心構えをもっておくことが大事です。

具体的な方策としては「自分自身で心理的距離をコントロールする」のが有効かもしれません。例えば、結婚が1年後だと仮定しましょう。結婚までの時間を実際に短くすることはできません。しかし、「あと1カ月後が結婚式だったら」と心の中で想像して、今のうちからできる準備を済ませることは可能です。

その結果、心に余裕ができればマリッジブルーに悩まされる可能性が減ることでしょう。

旅行の例であれば、行くことが決まったら出発まで時間があっても、早めに待ち合わせや持ち物の準備をすれば良いのです。

これらは「遠かった心理的距離を、自分の意識で近づける」ということです。行動経済学の知恵を知り、自分で心理的距離をコントロールするだけで、不快な感情の揺れを防ぐことができるのです。

Ｗｈｙが人の心を惹きつける

少し視点を変えて、解釈レベル理論とビジネスの接点について触れたいと思います。具体的には、リーダーシップ論で有名なサイモン・シネックの「ゴールデンサークル」理論の解釈です。彼は、「凄いプレゼン」と評されるＴＥＤ（Technology Entertainment Design：米国の非営利団体による学術・エンターテインメント・デザインなど様々な分野の著名人がアイディアを講演するカンファレンス）において、講演動画のＷｅｂ再生回数が４０００万回を超えるほどの人気をもつコンサルタントです。２００９年の「ＷＨＹから始めよう」というタイトルの動画は、ＴＥＤ史上最も多くダウンロードされたものの一つに数えられています。

シネックは、人を動かす偉大な企業や人物というのは、次ページの「ゴールデンサークル」[※8]というシンプルなパターンに基づいて行動していると主張します。この円には中央に、Ｗｈｙ（なぜそれをするのか）、その外にＨｏｗ（どうやってそれをするのか）、一番外にＷｈａｔ（何をするのか）があります。そして成功している組織は、考え行動し伝える時に中から外へ、

ゴールデンサークル

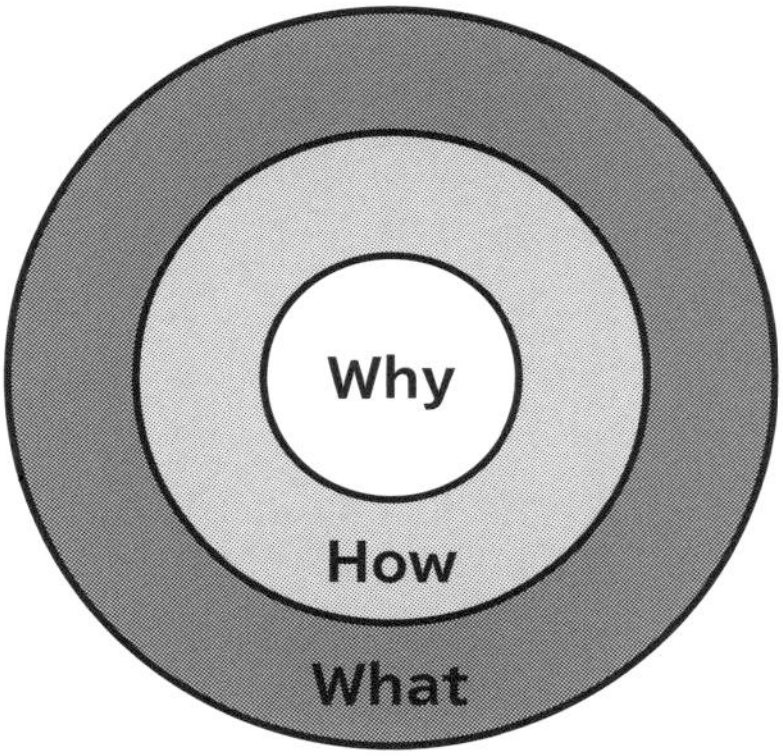

まずＷｈｙを中心に行っているとシネックは言います。

具体的にAppleによる商品紹介のロジックを解説しています。以下の順番です。

①Ｗｈｙ：我々のすることはすべて、世界を変えるという信念で行っています

②Ｈｏｗ：私たちが世界を変える手段は、美しいデザインで簡単に使え親しみやすい製品です

③Ｗｈａｔ：そんな素晴らしいコンピューターができあがりました。１台いかがですか？

このような伝え方をしたからこそ、Appleは共感者やファンを作ることができたとシネック

は分析しています。逆に、巷によくあるアピールは順番が反対で、しかもＷｈｙがあいまいです。例えば、以下のようになります。

①Ｗｈａｔ：素晴らしいコンピューターができました
②Ｈｏｗ：美しくデザインされ簡単に使えてユーザーフレンドリーです。１台いかがですか？

このようなアピールは陳腐で、人を惹きつけることができないとシネックは言います。Ｗｈｙに惹かれてＷｈｙに共感した時に、顧客は「自分が、なぜこの商品を買うのか」という「自身が行動する理由」を見つけて、自主的に行動するのだと主張しています。Ｗｈｙをアピールできない企業や人は、そもそも自身がＷｈｙをわかっていない可能性があります。何をやるか（Ｗｈａｔ）、どうやるか（Ｈｏｗ）はわかっていても、なぜやるか（Ｗｈｙ）が不明確なまま行動している組織や人がまだまだ多いというのがシネックの考えです。

このような考え方は、マーケティングとブランディングの仕事に30年以上携わってきた自分の経験からも納得できます。実際に、商品の具体的な性能（Ｗｈａｔ）ばかりアピールして、他社との差別化ができていないケースは多々あります。

逆に企業がＷｈｙ、即ち「なぜ、なんのために存在し活動するか」を、明快なブランドのスローガンやステートメントとして打ち出すことで、強いブランド力を持つ会社もあります。

具体的には、タワーレコードのコーポレートスローガン「NO MUSIC, NO LIFE.」が好例だと思います。「音楽がなければ生きられない」、それほどに音楽は大事なものだという言葉です。そこから、タワーレコードは「単に音楽（ソフト）を売っているだけの会社ではない」ということがよくわかります。この言葉は「音楽が本当に大事だから、我が社はこれを提供するのです」という宣言です。音楽を人々に提供する「理由」を、そのままスローガンにしているわけです。

結果的に、それほどまで音楽にこだわっているタワーレコードは、他の会社とは違うと差別化する効果もあります。

タワーレコードのスローガンは、「Ｗｈｙを示す」ことによって企業姿勢を表明し、提供する商品の価値を高め、他社との差別化まで行う成功事例だと言えるでしょう。

初対面の客に買ってもらうには

前項までをふまえて、行動経済学の視点を加えながら、シネックの主張である「Whyから始めよう＝Whyを重視しよう」という理論の解釈と補足をします。解釈レベル理論で述べたように、人は自分との心理的距離が遠い物事に関しては、高次レベルの要素に着目します。逆に、心理的距離が近い物事は低次レベルの要素を見ます。

例えばある商品Aに対して、購入経験がなく、あまり理解していないターゲットがいたとします。そのターゲットは、商品Aに対して「心理的距離は遠い」と感じることでしょう。そのターゲットが、まだよく知らない商品Aを目にした時、何に注目するでしょうか。答えは、解釈レベル理論でいうところの「高次レベル」の要素です。それは本質的・抽象的・上位的な要素です。または、なぜその商品があり、何のために自分はその商品を使うのか、といったWhyの要素です。

それにもかかわらず、ターゲットに「低次レベル」の副次的・具体的・下位的な情報を伝えるならば、ギャップが生まれます。なぜなら商品の具体的な性能（What）や使い方（Ho w）などは、商品Aをあまり理解していない（＝心理的距離が遠い）ターゲットが注目する情報ではないからです。もちろん、性能や使い方を伝えることがまったくの無駄というわけではありませんが、効果は低いでしょう。昨今では、ほとんどの商品が技術的にも成熟化しています。性能やそれに伴う使い方で差別化するのは困難ですし、できたとしてもすぐに追いつかれます。競合とあまり差がない性能であれば、いくらアピールしても購入にはつながりません。

従って、ＷｈａｔやＨｏｗで新規ターゲットの心を動かし、彼らを自主的に動かすことは困難なのです。企業は未だ安定的な顧客になっていない、即ち心理的距離が遠いターゲットに対しては、自社との心理的距離を近づける戦略を遂行すべきなのです。

そこでは、まずＷｈｙの情報（企業の姿勢や商品の存在価値）を伝え、そのうえでＷｈａｔやＨｏｗの情報（商品の性能や利用法）を提供するというシネックの理論が役立ちます。共感や理解が進めば、スムーズに購入に至る可能性が高まります。このようなロジックに基づくアピールは、「心理的距離マーケティング」とも言うべき新しい手法になるでしょう。

ただし、シネックが主張する「Ｗｈｙで始めて、人を動かす」という理論が正しいとしても、これはまだ、企業が「主語」になった企業寄りの発想です。企業からの押し付けになる可能性がないとは言えません。現在のマーケティングは顧客主体にシフトしていますから、顧客の立場に立つことが必要なのです。具体的には、顧客を「主語」とした時の「動詞」を明確にするのが良いでしょう。それが企業や商品に対して「顧客が抱く心理的距離」を近くする、ということになります。

現状の心理的距離を測りつつターゲットのマインドを把握し、この距離を近づけるようにマーケティングやコミュニケーションの戦略を構築するのです。心理的距離を尺度にして、ターゲットをセグメントすることも可能でしょう。これによってターゲットを絞り込んで効率化を図ることも可能です。

さて、マリッジブルーの話からマーケティング戦略の話まで、随分と広がりました。共通するのは、人の判断が時間や状況とともに移り変わる点です。だとしても解釈レベル理論の知識を持ち、これを意識し活用すれば、不合理な感情の揺れで人間関係を損なうような事態を避けられます。ビジネスの場面であれば、マーケティング戦略におけるターゲット獲得を的確に行うことも可能です。このように、行動経済学は実用性と汎用性を併せ持つ学問なのです。

コンビニは本当に美容院や歯医者よりも多いのか

2023年1月時点での日本全国のコンビニエンスストア数は5万6759店です。[※9] 一方、2023年3月時点での歯医者の施設数は6万7431件です。また2022年3月時点での美容院の店舗数は26万4223店です。感覚的にはコンビニの店舗数は非常に多く思えるのではないでしょうか。ところが、実際には歯医者の数よりも少なく、さらに美容院の数と比べれば1／4以下です。

このような感覚的な違いは、行動経済学における法則「利用可能性ヒューリスティック」によるものです。ヒューリスティックとは、必ず正しい答えが出せないものの、短時間で簡易的に、ある程度の正しい答えを出せる思考方法です。

ヒューリスティックのパターンはいくつかありますが、その中の一つが「利用可能性ヒューリスティック」です。これは、思い出しやすい記憶を優先して評価してしまう思考プロセスです。印象が強い事柄や記憶に残りやすい事象など、記憶が鮮明であるほど、その対象の頻度や確率を高く考える傾向があります。いわゆる「思い込み」のような状態です。

わかりやすい例で言えば、飛行機事故が起きた後には、飛行機の利用が減って新幹線に乗る人が増えます。飛行機に乗ることを避けるのは、飛行機事故の印象が強いため、その確率を実際よりも高いと感じてしまうためです。また、震災の直後に地震保険の加入が増えるのも、利用可能性ヒューリスティックの影響です。

ただしこの場合、その事故や災害が過去と違う特別なものだった、というように事故や災害の「内容」が判断に影響するわけではありません。最も大きな影響を与えるのは、事故や災害の記憶が鮮烈であり、それらを「すぐに思い出せたこと」です。

ミシガン大学のノーバート・シュワルツは「利用可能性ヒューリスティック」に関する実験を行いました。まず対象者に過去の自分の行動の中から「積極的に自己主張したエピソード」を思い出してもらいました。半数の対象者は6例、残り半数は12例を思い出すように指示します。その後にすべての対象者に、自分自身の「積極性の程度」を評価してもらいました。実はこのようにエピソードを思い出す際には、最初三つか四つはすぐに思い浮かんでも、残りはなかなか出てこない傾向があるのです。このことは実験前の調査で明らかになっており、この実験の場合も同じでした。

実験の結果、苦労して12例を思い出したグループは、自分自身の自己主張の度合いを、6例しかエピソードを思い出していないグループより低く、つまり自分たちは「積極的ではない」と評価しました。もし自己の評価が、実際に心に思い浮かんだエピソードの「内容」に因るものならば、12例を想起したほうが自分をより積極的とするはずです。自分が積極的であると考える根拠が今、頭の中にあるからです。ところが、結果は逆でした。こういった自己評価になるのは、12の実例を想起するのが難しかったためです。つまり、「積極的に自己主張した事例を容易に思い出せなかった」のは、「自分は積極的でないからだ」と考えたためと思われます。

この実験からは「想起内容」よりも「想起しやすいかどうか」が判断に影響を与えることがわかります。積極的に自己主張したエピソード6例を「簡単に思い出した」人が、自分は自己主張が強いと考えたのです。

さらに、これと類似した実験も行われています。「自己主張をしなかったエピソードを12例、書き出してください」と別のグループに指示したのです。すると、この対象者は「自分はとても自己主張が強い」と評価したのです。自己主張をしなかったエピソードを簡単に思い出せなかったために、自分は全然大人しくないと自己評価したわけです。

冒頭の事例で、**コンビニの数が歯科医や美容院より多いと感じてしまうのは、生活する中でコンビニを見かける頻度や利用頻度が高く、想起しやすかったためと考えられます。**

おそらく、コンビニには毎日のように行くことでしょう。

逆に、美容院であれば利用頻度は月に1回程度、歯科は年に数回程度ではないでしょうか。

こういった経験による印象の差が、実際に存在する数の見込みを誤らせるのです。

この利用可能性ヒューリスティックに影響される人は、自分が見た（と思った）ものがすべてと考えてしまう傾向があります。

家事をめぐる夫婦喧嘩を改善するテスト

カーネマンは著書『ファスト&スロー』の中で、利用可能性ヒューリスティックの活用法に触れています。

結婚している夫婦それぞれに、「家の掃除や整理整頓」「ゴミ出し」「社交的な行事」などに関する「自分自身の貢献度」をパーセントで聞くというものです。夫と妻の答えたパーセンテージの合計は、多くの家庭で100％を超える結果になるでしょう。

夫も妻も自分がやっている家事について相手がやっている家事よりも、はっきり思い出すことができるため、自分のパーセンテージを高く評価してしまうのです。

実際にこのようなテストをすれば、本当に自分が家事をやっていたのか、相手がどれほど努力しているかを考えるきっかけとなるでしょう。それを機に夫婦のコミュニケーションが円滑になり、それぞれが相手を思いやるようになるかもしれません。

このテストは夫婦に限らず、家族であっても、仕事仲間であっても活用できるので試してみてはいかがでしょう。

人間は誰しも自分の経験が絶対だと思ってしまいがちです。そして、その裏側では利用可能性ヒューリスティックが働いています。

心理的バイアスは、自分一人の判断ミスで終わるものではなく、人間関係にも影響を及ぼします。このような心の仕組みを知ることで、人間関係のトラブルを避けることもできそうです。行動経済学の知識は、こんなところでも役立つものなのです。

復活した「学歴フィルター」

就活生の間では「学歴フィルター」という言葉は有名です。就職コンサルタントの福島直樹氏の著作『学歴フィルター』[※10]も話題となり、一般の人たちの間でも徐々に知られるようになりました。

学歴フィルターとは新卒採用において、企業側が大学名などでフィルターをかけ、偏差値の高い大学生を優遇し、偏差値の低い（低選抜大学の）大学生をふるい落とす仕組みです。おおっぴらには言わなくとも、実は多くの企業が学歴フィルターを利用しているようです。人気企業ほど多用していると言われます。

これによって、選ばれない学生にとっては非常に困ったことが起きます。

例えば、会社説明会の申込みで「一流大学の学生が参加できるタイミングで、低選抜大学の学生が申し込むと、サイトで『満席』と表示される」といった現象です。一部の企業などではこれが発覚し、ネットで炎上しています。

一般の人の多くは、学歴偏重を古い慣習と考えているでしょうから、学歴フィルターの存在は意外かもしれません。少し歴史をさかのぼった1990年代前半には、学歴不問（学校名不問）の新卒採用がブームにもなりました。このような採用をすることが企業の先進的なイメージ作りにもつながるという考えのもと、多くの企業が取り入れたのです。ただしこの風潮も、バブルの崩壊とともに下火になりました。逆に2000年代に入ると多くの企業が「大学名を問う」方向に戻り始めました。2010年頃には、既に「学歴フィルター」「ターゲット大学」という言葉が就活生の間で話題になっています。2011年時点の就活生向けサイトが募集する「就活川柳」には、次のような就活生の作品があったと福島氏は言います。

『参加したい説明会があったけど常に満席学歴フィルター』

この当時、既に就活生の間では学歴フィルターの存在が知られていたのでしょう。その後、現在に至るまで学歴フィルターは、ひっそりと採用の世界における常識として存在し続けています。多様な人材を確保するために「学歴不問・人物重視」を謳う企業もありますが、必ずしも実態に即していないようです。

この「学歴フィルター」を使うことの、良し悪しを評価するのは簡単ではありません。なぜなら、関わる人や主体によって利害が相反するからです。

学歴フィルターは有効か

例えば「企業の論理」では、学歴フィルターにも一定の合理性があります。確かに低選抜大学出身でも、意欲的で才能がある学生はいるでしょう。しかし、そういった人材は必ずしも多くはありませんし、発掘するには今まで以上に大勢の学生に接する必要があり、これまで踏襲してきた採用プロセスやスケジュールも変更しなければならないかもしれません。これには時間と手間がかかりますし、採用担当社員の人件費もかかります。結果的に、これは企業にとって非効率なのです。

一方「社会の論理」で考えると、学歴フィルターは大きな問題です。なぜなら、これは偏差値の高い大学の学生が有利になる、不公平な仕組みだからです。

しばしば指摘されることですが、一部の国立大学や海外大学など「超・上位大学」の入試を突破するには多額の教育資金が必要になります。それを用意できる経済力を持つ家庭の子供が超・上位大学に入学し、卒業して優良企業に就職し、高収入をもらい続けるわけです。このサイクルが続けば、社会の格差が生まれ固定化します。

学歴フィルターの被害を直接受けるのは、低選抜大学の学生です。なぜなら採用されないにもかかわらず、無駄な時間と労力を費やすことになるからです。その分だけ、公正な採用を行う企業の採用に向けた準備ができなくなります。彼らの中には、学歴フィルターを使っているならば、そのことを公言してくれたほうがありがたいという声さえあります。実際、あるベンチャー企業は学歴で選別していることを理由と共に公にしましたが、それは学生たちに好意的に受け取られたようです。とにかく学生たちは、隠れてこそこそと学歴フィルターで選抜するのは止めて欲しいと思っています。

逆に学歴フィルターのメリットを、直接的に享受するのは超・上位大学の学生ということになります。特定の学校に在籍しているだけで、それがアピールポイントになり、実質的な競争倍率も下がるからです。

このように学歴フィルターは、社会的な問題です。ただし、効率性を求める企業が学歴フィルターを使ったとしても、それを巧妙に隠せばバレないかもしれません。使用を公表する義務はありませんし、公表はリスクを伴うので企業は隠し続けるでしょう。企業の意識が変わらない限り、根本的な解決は困難です。

この問題に対する行動経済学的な基本姿勢が一つあります。それは「効率性は最重要ではない」というものです。その根拠は行動経済学が、合理的で利己的な人間像の否定から始まっていることです。企業や人が効率を求めた結果、不公平な社会や不幸な人が生まれることがあります。このような問題の解決に対してこそ、行動経済学は役立つべきかもしれません。

慣例に倣うのは危険

ここからは、効率を重視して学歴フィルターを用いる企業が持つであろう、潜在的な課題について考えます。こういった企業の課題として、まず「慣例に従うことによる発想の偏り」があると思います。超・上位大学の卒業生は基本的学習能力や労働意欲が高く、入社後も優れた成績を残すだろうと考える、企業の人事担当者は存在するかもしれません。中には、超・上位大学の出身者が役員の多くを占める偏った企業もあるでしょう。

このような人材の偏りによって、柔軟な発想や意思決定ができなくなる可能性があります。こういった企業では、採用応募者の評価方法や役員の出身校構成などは、社内でなんとなく受け入れられ、疑われることのない「慣例」になっているのでしょう。行動経済学によると「今までの認識や行動が本当に良いものか考えない」「慣例に疑問を持たない」などの状態には、必ず原因があります。**前出の法則「現状維持バイアス」の影響です。人間はなるべくならば、未知なものや未体験のものを受け入れず、現状のままでいたいと思ってしまうもの**なのです。

「現状維持バイアス」は、ボストン大学のウィリアム・サミュエルソンとハーバード大学のリチャード・ゼックハウザーが提唱しました。この法則を実証する実験が、カリフォルニアの電力会社管内に住む人々を対象に行われています。この地域では当時、以下２種類の電力供給プランがありました。

- **プラン１：プラン２よりも安定性は高いが、料金も高い**
- **プラン２：プラン１よりも安定性は低いが、料金は安い**

ここで、それぞれの加入者グループに安定性と料金のバランスが異なる六つの料金プランを提示しました。中でも最も価格の高いプランは最も安定性が高く、最も価格の安いプランは最も安定性が低くなります。また六つの中には、現在提供されている二つのプランが含まれます。実験の結果、以下の結果が出ました。

- **プラン１の加入者の選択：60・2％がプラン１で5・8％がプラン２**
- **プラン２の加入者の選択：5・7％がプラン１で58・3％がプラン２**

新たな選択肢が用意されたにも関わらず、いずれのグループの人も現状のプランを維持しました。人間が変化を避ける傾向が証明されたのです。

この現状維持バイアスによる影響を、本人が意識することはありません。また当然ながら、この心理的バイアスを受けた判断は熟考を経た結果ではありません。知らず知らずのうちに「何か変えると失敗するかもしれないので、そのままにしておこう」という後ろ向きの選択をしているのです。

企業の重大事である人事が、このようなバイアスに左右されている可能性があるわけです。それゆえ、「慣例に従うことは危険」であると改めて指摘したいと思います。特に社会が変化する現状においては、採用方法を維持すべきか変えるべきか、よく検討すべきです。

行動経済学は、変化を恐れる原因を明確にしました。そして「検討もせずに現状を維持してしまうことを避けるべし」という教訓を示しているのです。

ステレオタイプは安心する

さらにもう一つ、学歴フィルターを使用する企業の課題を考える際に、覚えておくべき行動経済学の法則があります。「代表性ヒューリスティック」です。

これは、「『一般的な事柄』よりも『特殊な事柄』を、実際の可能性は低いにも関わらず、確実性や発生の確率が高いと誤判断してしまう」バイアスです。結論とは関係ない情報でも、その情報量が多ければイメージが豊富に湧き、そのイメージが現実になる確率を高く見積もってしまうというものです。

ダニエル・カーネマンとエイモス・トヴェルスキーは、この法則を実証するために「リンダ問題」というストーリーによる実験を考案しました。実験にあたって、まず架空の女性「リンダ」の人物像を次のように描写します。

「リンダは31歳の独身女性。外向的でたいへん聡明である。専攻は哲学だった。学生時代には差別や社会正義の問題に強い関心を持っていた。また、反核運動に参加したこともある」。

実験の対象者は、この人物像を聞いた上で、リンダの現在の姿を想像します。そして選択肢の中からあてはまる程度に応じて、数字で順位をつけていきます。選択肢は以下の通りです。

・小学校の先生
・ヨガを習っている書店員
・フェミニズム活動家
・精神科医のソーシャルワーカー
・女性有権者同盟のメンバー
・銀行員
・保険外交員
・フェミニズム活動家の銀行員

最もありうるものに1、最もありえないものに8という基準で評価した結果は、次のようになりました。大きな数字ほど「ありえない」を意味します。

・小学校の先生：5・2
・ヨガを習っている書店員：3・3
・フェミニズム活動家：2・1
・精神病院のソーシャルワーカー：3・1
・女性有権者同盟のメンバー：5・4
・銀行員：6・2
・保険外交員：6・4
・フェミニズム活動家の銀行員：4・1

数字が低い、つまり現在の人物像に最も近いと考えられたのは「フェミニズム活動家」でした。逆にもっともあり得ない選択肢は「保険外交員」です。しかし、注目すべき点はこれらではなく、「銀行員」と「フェミニズム活動家の銀行員」の結果です。単純に比較するならば、「銀行員」と「フェミニズム活動家の銀行員」の確率は前者が高くなるはずです。なぜならば、後者は前者の一部だからです。さらにこの質問では選択肢に「銀行員」が重複しており、何かひねりがあることを暗示しています。こういった条件の下で調査されたにも関わらず、結果的に85％が「フェミニストの銀行員」を「銀行員」よりも上位にランク付けしたのです。

この実験は、人が容易に「代表性ヒューリスティック」の影響を受けることを示しています。「代表性」とは「ステレオタイプとの類似性」のことです。つまり「論理的に『ある』と判断した結果」ではなく、「ありそうな『ステレオタイプ』にどれだけ近いか」を基に判断してしまうのです。結果的に人は、自分が勝手に描いたイメージに縛られることになります。

「学歴フィルター」を使用する企業も「代表性ヒューリスティック」の影響を受けています。「超・上位大学＝優秀で入社後に活躍する」「低選抜大学＝優秀でなく入社後に活躍しない」といった事柄は論理的な事実ではなく、あくまでステレオタイプなイメージです。それらに引きずられて、正しい事実であるかのように思っているだけです。

現在は社会も経済も変革期です。慣例に従って現状を維持するのではなく、ステレオタイプの学生像を払拭して、未来に向けた採用に取り組んでいくべきではないでしょうか。

第3章

人の欲望と行動経済学

変化を嫌う心を使う商売

サブスクリプションは、利用者がモノを買い取るのではなく、借りて利用した期間に応じて料金を支払うビジネスモデルです。『日経ＭＪ』の２０１８年ヒット商品番付の「西の大関」[※11]にも選ばれるなど注目を集めています。様々な業態、商品やサービスなどで活用される機会が増え、「サブスク」と短い愛称でも呼ばれるようになりました。

サブスクは元々は新聞などの定期購読を指す言葉でした。一般に広く知られ、使われるようになったのは、動画や音楽の視聴し放題からでしょうか。月５００円〜２０００円程度で動画を見放題、音楽を聴き放題、雑誌などを読み放題など、定額でコンテンツを楽しめるサービスが人気を得ました。またパソコン向けのソフトなど「箱入りソフトウェア」を、単品売り切り型からサブスクに切り替える企業も増えました。クラウド活用やダウンロードなどを通じて、ソフトを顧客に提供しています。

音楽や動画、パソコンソフトなどデジタル配信できる商品は、モノをやりとりする物流が必要ないため、特にサブスクとの相性が良いのです。これらを総称して「デジタル型サブスク」と言います。

一方で、「モノ型サブスク」も増えました。洋服はサブスク初期の頃からありました。月6000円～1万円程度で好きな洋服を借りる形です。ライフスタイルやシーンに合わせたバリエーションが用意され、中にはスタイリストがコーディネートしてくれるサービスもあります。その後バリエーションが増えて、高級時計、高級バッグ、アクセサリーなどのほか、家電や自動車などもサブスクで提供されています。

その後、「コト型サブスク」と言うべきサービスも増えています。飲食、美容、住まいなどに関する定額で利用し放題のサービスです。月1万円で毎日ラーメンが食べられる店、月3000円で毎日クラフトビールが飲めるサービスも登場しました。この他、定額でカットし放題の美容院、定期的に季節の花を届けてくれる花屋、好きな家具を一定期間使える、コーヒーマシン付きで好みのコーヒーを配送してくれるなど、様々なサービスがあります。

これらサブスクが増えている背景には、人々がモノを持たなくなるというライフスタイルの変化があります。シンプルに暮らすトレンドは、このところ長く続いています。特に、不要な物を減らして生活に調和をもたらす「断捨離」、最低限度の物だけを持って生活する「ミニマリスト」などは注目を集めました。

モノを持つことが豊かさの表れだった時代は、だいぶ過去になりました。持っているモノを自慢してプライドを満足させるタイプの人は、バブルとともに絶滅したようです。モノを使い捨てる消費スタイルは地球環境に優しくないため、厳しく否定されるようになりました。ただし「物欲」は人間の基本的な欲求ですから、なくなってしまったわけではありません。買うものを慎重に選別する傾向です。この風潮にサブスクは合っています。

一方、最近では企業が、必ずしもモノを販売することにこだわらなくなってきました。マーケティングのテーマは、「商品の提供」から「価値の提供」にシフトしています。例えば、「(穴をあける)ドリル」の販売は「商品の提供」です。しかし、実は顧客が求めるのは「ドリル」ではなく「穴をあける」ことです。これが顧客にとっての価値ならば、その提供方法はドリルをレンタルする、穴をあける技術者をドリル持参で派遣するなど多様です。

顧客が望む価値は、例えばCDが欲しいのではなく音楽を楽しみたい、服が欲しいのではなく様々なファッションを身につけたい、車が欲しいのではなく移動手段が欲しいなどです。サブスクは、こういった価値を提供するのに適しているのです。

さらに国内市場が拡大しない状況の中で、企業はビジネスを「フローからストックへ」とシフトさせています。人口も増加し景気も上向きであれば、企業は新たな顧客を次々と拡大すれば販売し続けられます。かつては、こういった「焼き畑農業」のようなフロービジネスが主流でした。ところが経済が縮小する現代は、顧客を囲い込んで持続的にサービスを提供し、長期的に収入を上げていくストックビジネスが重要になります。顧客に対して継続的に商品やサービスを提供するサブスクは、まさにストックビジネスです。

以上のように、ライフスタイル、マーケティング、ビジネススタイルの変化に対応する取り引き手段としてサブスクが注目され、活用されているのです。ただ一般の利用者は必ずしもサブスクがブームだから利用しているわけではありません。心理に訴える要素があるはずです。

行動経済学の視点で見れば、「**現状維持バイアス**」が影響していると考えられます。これは、変化を避けて現状のままでいようとする心理です。この現状維持バイアスが、サブスクの利用者心理に影響します。何かのきっかけでサブスクを始め、定額支払いによって利用し放題になれば、利用が日常化し習慣となります。その状態がなくなるような変化は損失と感じられて、やめられなくなるのです。そして、サブスクのサービスを利用し続けることになります。

さて、この現状維持バイアスは、ボストン大学のウィリアム・サミュエルソンとハーバード大学のリチャード・ゼックハウザーが１９８８年に論文の中で提唱したものです。

行動経済学者ジャック・クネッチも、これを証明する実験を行っています。まず二つのクラスの学生にアンケートの回答を記述してもらいます。その間に謝礼の品を各自の前に置きます。片方のクラスの謝礼は高価なペン、もう一方のクラスはスイス・チョコレートです。実験終了時に、それぞれの学生に渡さなかったほうの品物を出し、希望者はこちらと交換できることを告げます。

この結果、交換を希望した学生は10％程度にすぎませんでした。ペンもスイス・チョコレートも、もらった学生は手放したがらなかったのです。

これは「ペンを手にした状況、チョコを手にした状態」を維持しようとする行動です。**「それぞれのモノを失うことを避けた」とも考えられます。ペンとチョコのどちらが本当に欲しいのかよく考えることもなく、無意識に判断したのです。**

クレジットカードを使うと浪費してしまう理由

現実世界にも、こうした心理を前提とした現象があります。企業による販売促進キャンペーンで、初回の利用が無料であるケースや、安価なお試しセットを販売するケースです。今は商品を利用していない顧客を掘り起こすのです。安さはそのための、最初のきっかけです。このキャンペーンによって、該当商品を使わずにすませている日常や、競合消費を使い続けている状況など、「維持されている現状」をリセットするのです。この利用体験が良ければ使い続けてもらえる可能性があります。

行動経済学の視点で見る、サブスクを続けるもう一つの理由は、代金の支払い方です。通常の買い物とサブスクはお金の支払い方が異なります。何かを購入する場合はその都度、何らかの形で代金を支払います。そこでは例えば、現金を手渡す、クレジットカードを読み込んでもらい暗証番号を打ち込む、スマホで電子マネー画面を表示させて決済するなど、何らかのアクションが必要です。ところが毎月定額を支払うサブスクの場合は、クレジットカード払いや銀行引き落としなどに関する初回手続きの後は、何のアクションもせずに自動的に支払い続けます。

ここでは「**メンタル・アカウンティング（心の会計）**」が働く可能性があります。これは、**お金に関して意思決定をする際に、総合的・合理的に判断せずに、狭いフレームの中で判断してしまう心理的バイアス**です。この影響を受けると同じお金でも、入手の仕方や使途、お金の名目などによって、お金の価値の感じ方や使い方が変わります。

典型的な例は、ギャンブルで儲けたお金と一生懸命働いて手にしたお金の使い方の違いです。**労働で得たお金と違い、不労所得や幸運で得た利益は粗末に扱う傾向がある**のです。行動経済学ではこれを「**ハウスマネー効果**」とも呼びます。ハウスはカジノのことであり、ハウスマネーはそこでだけ使われるギャンブルのためのお金です。

リチャード・セイラーらは「ハウスマネー効果」を実験により確かめました。方法としてまず、対象者の半分にQ１の質問をします。

Q１：あなたにとって好ましいのは、どちらですか？

A．30ドルを手に入れる

B．50％の確率で39ドルを手に入れ、50％の確率で21ドルを手に入れるこの結果、Ａを選ぶ人は57％、Ｂは43％でした。賭けをせずに単純に30ドルを手に入れるＡが若干多いという結果です。

対象者の残りの半分にはＱ２の質問をします。

Ｑ２：あなたは今、30ドルを手に入れているとします。好ましいのはどちらですか

Ａ．このままの状態

Ｂ．50％の確率で９ドルを手に入れ、50％の確率で９ドルを失う

この結果、賭けをせず現状維持をするＡを選んだ人は18％でした。逆に、賭けをする人は82％と大半を占めました。

実はこの質問では、Ｑ１とＱ２でＡを選んだ場合と、またはＱ１とＱ２でＢを選んだ場合で、それぞれ選択後に手に入れる金額は同じなのです。しかしながら、Ｑ１でＡを選んだ人が57％もいたのに、Ｑ２では18％に激減しました。

即ちＱ２の状況で賭けをする人が増えたのです。初めから労せず30ドルを手に入れていたＱ２の状況に置かれると、人は進んでギャンブルしようとするのです。これはハウスマネー効果

による選択です。支払う痛みが少なければ、リスクの高いお金の使い方をするのです。

また、お金の使い方や心理は、現金で支払うか、クレジットカードなどで支払うかによっても変わります。マサチューセッツ工科大学のダンカン・シメスターとドラーゼン・プレレックの両教授は、このことを実験で確認しました。実験対象者は、バスケットボールのプラチナチケットを競り落とすオークションに参加します。対象者の半分は現金で支払い、残る半分はクレジットカードで支払います。

この結果、クレジットカードのグループが提示した入札価格の平均は、現金のグループの約2倍に達していました。クレジットカードを使うと、現金で払うよりも多額のお金を使ってしまうのです。原因は、リアルに現金を支払う行動が伴わず、お金が出ていく痛みも少ないためだと考えられます。

サブスクの支払いにおいては、前述したような「メンタル・アカウンティング」の影響を受けると考えられます。これはクレジットカードの自動決済や自動引き落としなど、お金を失う痛みが少ない決済方法です。しかも利用ごとではなく、毎月など定期的に自動支払いをするので、お金を払っている意識すらなくなります。そうなると、まるで公共料金納付や住宅ローン返済のように、何の疑問も持たずにサブスクのお金を払い続けることになるのです。

CREDIT CARD

お金とシステムを賢く使うには

サブスク自体は必ずしも悪いサービスではありませんが、サブスクの利用について自分で判断することなく、必要もないものにダラダラとお金を払い続けるケースは問題です。

利用にあたっては、自分が惰性で消費をしていないか、常にあるいは一定の期間ごとにチェックすることが必要です。また、支払う際に自動支払いを利用するならば、自分のお金を支払っている認識を意識的に保ち続けなければなりません。そうでなければ、ザルから水がこぼれるようにお金はなくなっていきます。賢く使うことが自分の満足や幸せにつながります。

一方、企業側に立った時、サブスクを単なる「打ち出の小づち」と考えるのは危険です。ブームに乗って同一サービスに複数の企業が参入しているケースもあります。顧客にしてみれば、利用し放題の状況が変わらなければ、抵抗なくメリットの多い別会社にスイッチするでしょう。

あるファッション系の会社では、メイン顧客の中高年男性には販売しつつ、新たに若年層をサブスクで取り込む戦略を立てました。しかし、肝心のメイン顧客がサブスクに流れて利益が減り、短期間で撤退を余儀なくされました。

サブスクを「単なる分割払い」「単なる定額の利用し放題」ととらえる企業は失敗するでしょう。サブスクは、本当に定期的に使う価値のある商品やサービスかどうかが問われるサービスです。かつ企業と顧客の長い関係を継続することが必要になります。

そのためには、利用者の満足を継続的にチェックしなければなりません。ところが、特にデジタル型サブスクでは顧客との接点が少なくなります。その中で満足度を調べる方法を構築しなければなりません。

一方、モノ型サブスクやコト型サブスクでは、顧客による店舗への来店、商品の配送や交換などが必要になります。そこで行う直接的、間接的なコミュニケーションによって満足度を高める努力が必要です。

基本的なサービス内容が、服の着放題や定期的に花を選んで渡すといったものだとしても、それらの即物的な価値ではなく、このサービスから広がる生活の豊かさを理解してもらうことが大事ではないでしょうか。

ともあれ、サブスクだろうと売り切りだろうとダメな商品やサービスでは売れません。企業側は真に価値ある商品やサービスを提供することが必要です。

逆に顧客側は、商品やサービスの価値をチェックする必要があります。同時に、惰性で無駄遣いを続けていないか、自分の選択や行動もチェックしなければなりません。その際には、現状維持バイアスやメンタル・アカウンティングなどに関する、行動経済学の知識が役立ちます。

このようにして企業と顧客がともに満足し、両者の関係がより良くなり、双方が幸せな状況になるのが理想だと私は思います。

品数豊富なバーガーセットが大失敗したワケ

２０１５年、マクドナルドは「分かりやすい価格で、お客様にもっとバラエティ豊かなセットメニューを。１０００通り以上に広がるチョイス『新バリューセット』」と銘打ったキャンペーンを全国で実施しました。メイン11種類、サイド5種類、ドリンク20種類から好きな組み合わせを選べるというものです。選び方のパターンは合計１１００通りです。この幅広さがウリのキャンペーンだったのですが、これは早々に終了してしまいました。このキャンペーンがうまくいかなかったとすれば、それは多くの選択肢を目前にした時の人間の反応について、企業側が理解していなかったことが原因です。

行動経済学には「**決定麻痺**」という法則があります。**人間は、選択肢が多過ぎると、その選択を先に延ばし、または選択すること自体をやめてしまう**ものなのです。

コロンビア大学教授のシーナ・アイエンガーは、このことを「ジャムの実験」により確かめました。具体的には、スーパーの店頭にジャムの試食スタンドを設け、来店者に試食と購入を勧めました。ある時間には6種類のジャムを、別の時間には24種類のジャムを試食できるようにします。試食者には安く購入できるクーポンを配布して、その後に購入するかどうかまで観察しました。

その結果、24種類の場合、客の60％が試食に立ち寄るのに対し、6種類では40％でした。ジャムの種類が豊富なほうが試食する率は高かったのです。ところが、その後の購入行動では結果が逆になりました。24種類では試食者の3％が購入、6種類では30％の人が購入しました。最終的には以下のような計算になります。

- **24種類のジャム：試食率60％×購入率3％＝最終購入率1・8％**
- **6種類のジャム：試食率40％×購入率30％＝最終購入率12％**

つまり最終的な購買者数は、ジャムの種類が6種類と選択肢の少ないほうが、24種類の6倍以上に達したのです。

アイエンガーは、人々は選択肢の多さには惹かれるが、実際に選択するのは選択肢が少ない時のほうだと解説しています。そしてジャム以外にも、チョコレート、テレビ番組、出会い系サイト、投資の意思決定、治療選択など様々な対象で選択肢の多さについての研究を行い、次の三つの結果を導き出しました。

1. 選択肢が多いほど、人は選択を避け、先送りする傾向が高まる
2. 選択肢が多いほど、人は選択を誤りがちである
3. 選択肢が多いほど、人は自分が取った選択への満足感が低くなる

この研究結果からわかるように、顧客への販売を推進しようとして、選択肢を一生懸命増やしても、実際の購入に直結するかどうかはわからないのです。

マクドナルドのキャンペーンの場合は１０００通り以上ですから、明らかに選択肢が過剰です。これだけのチョイスは、商品開発も大変なうえ、店頭における販売のオペレーションも難しかったことでしょう。全国キャンペーンですから投下した広告や販売促進の金額も相当なものと推察されます。それにもかかわらず全国の消費者は決定麻痺の影響を受けてしまい、ハンバーガーセットの購入を先送りしたのでした。

客にとって親切な選択肢の数とは

私たちは、選択肢のような情報がたくさんあると迷ってしまい、なかなか選ぶことができなくなってしまいます。これを「情報過負荷」といいます。

例えば、洗濯機が壊れてしまい、新しい洗濯機を買おうと思って家電販売店に出かけても、製品数のあまりの多さに迷ってしまい、結局買わずに帰ってきてしまうというような経験はありませんか。

「では、最適な選択肢はいくつなのか」という問題については、過去から現在まで様々な研究が行われています。認知心理学者のジョージ・ミラーは、人間が瞬間的に記憶できる情報の最大数は一般に5～9の間、つまり7プラスマイナス2の範囲であると1956年の論文で発表しました。この7という数字をマジカルナンバーと呼んでいます。その後、2001年にはミズーリ大学教授の心理学者ネルソン・コーワンが別の説を唱えます。マジカルナンバーは4だという説です。4プラスマイナス1、つまり3～5が最適な選択肢の数であると主張しました。現在までのところ、この説が有力とも言われていますが、引き続き研究は続けられています。

一方、スタンフォード大学のジョナサン・レバーブ准教授は、単純に「選択肢が多いことが悪で、選択肢は少ないほうが良い」と結論づけることに対して異を唱えています。レバーブはその根拠となる実験を、ドイツの３都市の新車販売店で、７５０人の顧客を対象に行いました。新車購入の際のオーダーについて２タイプの聞き方をして、決断に至る状況を見る実験です。

オーダーの項目は以下の通りで、かなり要素が多くなっています。

- 56種類の内装色
- 26種類の外装色
- 25種類のエンジンとギアボックスの組み合わせ
- 13種類のホイールリムとタイヤの組み合わせ
- 10種類のハンドル
- ６種類のバックミラー
- ４種類の内装スタイル
- ４種類の変速ノブ

実験では７５０人を、検討する項目の順序により以下の２グループに分けました。

・**降順グループ：56種類の内装色から56、26、25……4と降順で検討**
・**昇順グループ：4種類の変速ノブから、4、4、6……56と昇順で検討**

この結果、56種類の内装色から決断していった降順グループは、26の外装色、25のエンジンとギアボックスの組み合わせと進むにつれ、次第に自分で選ぶことを放棄するようになりました。そして、あらかじめ用意されていたデフォルトの標準設定を選んだのです。逆に4種類の変速ノブから決断していった昇順グループは、降順グループよりも多くの項目を、自分で検討したうえで選択しました。

さらに実験からは、選択の連続で疲れると、勧められるままに高いオプションを買ってしまう人がいることも明らかになりました。このオプション購入によって最終的に、最も安い金額で買った人と最も高い金額で買った人の差額は1台あたり1500ユーロ（約18万円）に達しました。この実験でレバーブは「**決断を重ねると脳が疲労し、決断の質が下がる**」ことも証明したのです。この現象は「**決断疲れ**」とも呼ばれています。

これらの実験結果が示しているのは、決定麻痺には大きな影響力があるものの、選択者の疲労度など、他にも影響を及ぼす要素があるということです。仮に、ハンバーガーに非常に詳しい飲食業界のプロならば、１０００の中から簡単に自分に合う選択肢を選び取ったかもしれません。実際にレバーブによるドイツの新車販売店での実験では、自動車の専門家が選択者になった時には、決断疲れになることなくスムーズに選択できたそうです。

付け加えると商品販売などにおいて、選択肢の作り方による影響は、商品ジャンルによって異なります。洗剤やティッシュペーパーのように、なくなった時に家の近くで買う「最寄り品」を吟味する人は少ないでしょう。選択肢は少なくて十分です。逆に自動車、高級アクセサリー、趣味の楽器などのように、わざわざ買い求めて回る「買回り品」ならば、選択肢は多いほうが良いはずです。

セール商品を追い求めると幸福度が下がる

ここまでは選択肢の数に関する検討でしたが、ここから少し選択肢と、選択した結果得られる満足について考えてみます。現実社会は今、情報が溢れるデジタルネットワーク社会です。調べさえすれば、商品の選択肢は果てしなく広がります。これが便利である一方、満足を阻害する可能性があると考えます。

何か一つのモノを買おうとした時、ネットで様々な商品情報を入手できます。販売しているＥＣサイトが数多くあり、同じ商品でも販売価格が異なります。ショップごとの支払い総額の比較が容易ではありません。

またＥＣサイトごとにタイムセールやキャンペーンがあり、タイミングで価格が異なります。さらに調べていくうちに近所のリアルな店舗で買うほうが、トラブル発生時に安心だと知る、といったことも起こります。ある程度絞れた段階にきたにもかかわらず、欲しい商品の次の機種が近日に発売されるという情報を見つけることもあります。そうなれば結果的に、購入を先延ばしするかもしれません。

こういったことが起きるのは、情報が多いほどに、より良い選択ができるとは限らないためです。情報はいくら集めても終わりはありません。それを基にした選択がベストかどうかもわかりません。とにかく手元に集まった情報の範囲で、「えいやっ！」と購入するのが、買い物の実態ではないでしょうか。そうすると決断の後まで、「もっと安く買えたかもしれない」などと、様々な疑念が消えません。選択に満足しきれない状態で終わってしまいます。

米国の心理学者バリー・シュワルツは、**限りない選択肢の中から最高のものを選ぼうとするほど、後悔と不満の連鎖は広がる**と言っています。**合理的意思決定の追求者は、抑うつ度が高く幸福感が低い**と主張します。**何かを選ぶ時、もし違うものを選んだら、違う結果になったのではないかと想像してしまうからです。さらに選んだ商品が良かったとしても、他を選んだらもっと良い結果が得られたかもしれない、という疑問を抱いてしまう**のです。

思えば、限られた数しかない店舗に足を運んで、そこに置かれている商品の中から選んでいたデジタル化以前のほうが、心理的な「買い物の満足度」は高かったかもしれません。何しろ、自分が持たない情報については考慮する必要がなく、それに惑わされることもないのですから。

そもそも、買い物は不合理な選択にならざるを得ないものです。

これから情報の利用に伴う技術と精度が発達する可能性がありますが、現状においては、自分が情報収集や説得に割ける余裕がどれほどあるかを考慮しつつ、満足できる消費を行うのが良いのでしょう。

そこでは「選択の結果」よりも、「選択のプロセス」に自分が満足できることが大事になると考えます。

企業が買い物をコントロールしている可能性

企業が行動経済学を活用して人の購買行動に影響を及ぼすことにより、商品の販売促進を行うケースがしばしばあります。例えば、店頭に並べられた商品、設定された価格、商品スペックの表示などです。

これらの選択肢が、どのように用意されているかによって結果は変わります。人々が大事なお金を、注意深く支払っているつもりでも、無意識に購買行動を誘導されているかもしれません。

例えば、選択肢が二つの場合と三つの場合で選び方が変わるケースがあります。

これを検証するためにダン・アリエリーは、マサチューセッツ工科大学の学生を対象にした実験を行いました。週刊経済雑誌『エコノミスト』の購読に関するものです。対象者は三つの購読プランから一つを選択します。

Ａ：オンライン版の年間購読：59ドル
Ｂ：印刷版の年間購読：１２５ドル
Ｃ：印刷版とオンライン版セットの年間購読：１２５ドル

回答結果は、以下のようになりました。

Ａ：16％
Ｂ：０％
Ｃ：84％

Ｂの印刷版と同じ金額で、Ｃの印刷版とオンライン版のセットが購読できるとなれば、これが魅力に見えるのも不思議ではありません。

次にもう一度、質問します。

Ａ：オンライン版の年間購読：59ドル
Ｃ：印刷版とオンライン版セットの年間購読：１２５ドル

回答結果は、以下の通りです。

Ａ：68％
Ｃ：32％

Ｃのセット購読を選ぶ人が32％に激減します。元々誰も選ばなかった選択肢を外しただけなのですが選択結果は変わりました。これは「**アンカリング**」の影響を受けていると考えられます。アンカリングとは、**先行する何らかの数値によって、その後の判断がゆがめられ、後から判断された数値がアンカーに近づく傾向**のことです。

アンカーは船の錨を意味します。船が錨の周囲しか動けないのと同じように、アンカーの数値から近い範囲で判断を下してしまうのです。

またこの例では「**魅力効果**」も影響しています。**魅力効果とは、対象となる選択肢と同時に、これよりすべての点で劣る選択肢を並べると、対象となる選択肢が選ばれる可能性が高まる効果**です。

この実験では、Ｂが「オトリ」となりました。そして魅力効果により、ＢがＣの魅力を高めました。最初の質問におけるBがアンカーです。これがAとCの相対的な評価を歪めました。回答者はBとCを比べることに意識が集中して、Aで十分ではないかという発想に至らなかったわけです。Bがない場合は、純粋にAとCを冷静に評価します。そこで初めて、割安なオンライン版だけで十分という結論に至ったのです。

人は両極端なものを避ける

もう一つ、別の実験を紹介します。

プリンストン大学のエルダー・シャフィールによるものです。

ＣＤプレイヤーを買いにお店に行くと本日限りのセール中だった、という状況にいるとして質問に回答してもらいます。以下三つのパターンそれぞれで、商品を購入するかどうかという問いです。ちなみに、ここでは「ソニー」は一流メーカー、「アイワ」は二流メーカーという認識です。

パターン①：ソニーの人気モデルが大幅に値引きされて99ドルで売られている

パターン②：ソニーの人気モデルが大幅に値引きされて99ドル、アイワの最新モデルも大幅に値引きされて１６９ドルで売られている

パターン③：ソニーの人気モデルが大幅に値引きされて99ドル、アイワの旧型モデルが定価の１０５ドルで売られている

結果は、以下の通りでした。

パターン①：ソニーを購入が66％、すぐに購入しないが34％
パターン②：ソニーを購入が27％、アイワを購入が27％、すぐに購入しないが46％
パターン③：ソニーを購入が73％、アイワを購入が３％、すぐに購入しないが24％

売られている商品がソニー製だけの場合は、これを購入する割合が66％です。つまり、魅力的な選択肢が一つなら３分の２が喜んでそれを選びます。ところが、魅力的な選択肢が二つになると購入するのは二つ合わせて54％と低下します。２番目の魅力的な選択肢が葛藤の原因となり、選択が難しくなりました。

次に魅力的な選択肢に対して、すべての面で劣った選択肢が加わりました。比較判断は容易になります。新たな選択肢による魅力効果が影響を及ぼします。魅力的なソニーの購入は73％まで上がりました。

複数の選択肢があって、一つを選ぶと他を犠牲にしなければならない状況では、判断が難しくなります。決定が先延ばしされがちです。選択肢が増えたとしても選択に悩まない場合は、逆に判断がしやすくなります。またこの実験では、選択肢が一つの場合は両者の中間でした。

次にもう一つ、実験を紹介します。
スタンフォード大学のイタマール・サイモンソンとエイモス・トヴェルスキーによる実験です。まず調査対象者に、買うならばどれを選ぶかについて質問します。最初の候補は以下の２台です。

Ａ：低品質低価格のカメラ１６６ドル
Ｂ：中品質中価格のカメラ２３９ドル

結果は、Ａ：50％、Ｂ：50％でした。
次の候補は、以下の三つです。

Ａ：低品質低価格のカメラ１６６ドル
Ｂ：中品質中価格のカメラ２３９ドル
Ｃ：高品質高価格のカメラ４６６ドル

結果は、Ａ：22％、Ｂ：57％、Ｃ：21％でした。

人々は一連の選択肢の中から極端な選択ではなく、中間の項目を選びました。これは「**極端回避性**」によるものです。

または「妥協効果」とも呼ばれます。

これは**三段階の選択肢の中で、一番上と下という極端な選択を回避して、真ん中の選択肢を選ぼうとする傾向**のことです。中庸な選択肢が魅力に思えるのです。

良いレビューが企業の支配を防ぐ

　ここまでで三つの実験と、関連する行動経済学の法則を紹介してきました。

　このように、人間の判断が簡単にコントロールされるのはなぜでしょう。ダニエル・カーネマンは著書『ファスト&スロー』の中で、この理由をシステム1とシステム2という、脳内で働く二つの思考モードを用いて説明しています。この二つは次のように、働き方や発動のされ方が異なります。

・システム1：特に努力やコントロールをする意識もなく、自動的に高速で働く思考
・システム2：複雑な問題解決のような頭を使う知的活動や、意識的な選択などで働く思考

　システム1は人が目覚めているときは常にオンの状態で、外からの刺激に対して反応し、印象や直感などを抱きます。それらを受けてシステム2が、必要に応じて緻密な補正や確認を行います。カーネマンの著書タイトル『ファスト（＝システム1）&スロー（システム2）』は、これらが由縁です。

この仕組みは、システム１の前さばきを経て、システム２が作動するという効率的な組み合わせです。ただ、時にシステム１は早く解答するために問題を単純化するなどによってミスを犯します。また熟考が必要な場面では、常時オンで衝動的に働くシステム１を、システム２が制御しなければなりません。

時にはシステム１が出した結果にシステム２が関わらない場合や、修正し損なう場合があります。先に紹介した実験も含めて、よく考えた答えと素早く出した答えが異なるのはこういったケースです。

三つの実験は、買う側がおトクだと感じ、欲しくなったとしても、その判断が誰かにコントロールされている可能性があることを示しました。ただし、前記の実験を行った研究者の一人でもあるイタマール・サイモンソンは後に、著作『ウソはバレる』※12の中で、これらが現実に起きる可能性は減っていると述べています。インターネット、特にECサイトなどの情報メディアの発達がこの状況を変えたと言うのです。

例えばネット通販やリアルな店頭で何かを買おうとする時、ネット検索で商品情報を確認することが、ごく普通の行動になりました。過去の購入者のレビューや評価が、判断を下すうえでの良い情報になります。実際に購入したうえでの良いレビューや評価を見れば、安心して購入することができます。逆に、低い評価を見れば購入を止めることもあるでしょう。

サイモンソンは、この状況によりマーケティングやブランディングが変化すると主張しています。例えば、商品の差別点をクローズアップした広告は効果がなくなると言います。なぜなら広告には広告枠というスペースの制限があり、そこでアピールできるのは商品を説明する情報の一部に限られます。一方で消費者は、ネットにおける評価やレビューを基に、広告以外の部分も含めた全体的な情報を得ます。その結果、広告が差別性を訴求しても、それが消費者の頭の中で薄まってしまうというのです。

また、品質の証であった「ブランド」も効力を失うと言います。企業からの情報よりも、購入者のレビューや評価のほうがリアルに品質を証明するからという理由です。ブランドのロイヤリティを高めることが無意味になるという主張もありました。その理由は、消費者は商品の購入直前に情報を得て利那的に行動するため、過去の購入や利用の経験は重要でなくなるというものです。

これらの変化によって最終的には、商品は競合との差別点などに関する相対比較ではなく、商品そのものの品質による判断や購入が行われるとされています。

賢い買い物の秘訣は情報の取捨選択

サイモンソンの著作では、ネット時代のマーケティングやブランディングに関する意欲的な論が展開されており、興味深く読めました。ただし、日米の状況の違いに因るのかもしれませんが、今の日本の状況と合わない部分もあるように思えます。

一番はサイモンソンが最重要と考える購入者のレビューや評価の「信ぴょう性」です。実際に買い物をする時に、ＥＣサイトのレビューを見ると、怪しい日本語で書かれたレビューや高評価スコアを大量に見つけることがあります。明らかに、商品を売るためのサクラが一般人に成りすましているのでしょう。こうした「やらせ問題」は、以前から問題視されていますが、状況はさほど改善されていません。おそらくＥＣサイト側にも効果的な対抗手段がないのでしょう。従ってレビューや評価は、購入時の判断材料にするにはまだ信用力が弱いと考えられます。

合わせて情報の「網羅性」にも課題が残ります。商品の品質を確認しようとアクセスしても商品によっては、商品のいろいろな側面が様々な基準で評価されています。レビューや評価が少ないケースもあります。常に購入者が求める情報が掲載されているとは限りません。レビュー内容や、それをどう書くかは書き手に委ねられるので仕方ありません。

もちろん今後、これらが改善される可能性はあります。しかしながら現状では、レビューや評価は、購買の根拠として頼り切るにはまだ脆弱だと言えましょう。従って、ブランド作りによるロイヤリティの向上、広告プロモーションによる差別優位性の訴求などは、引き続き効力を発揮すると考えられます。消費者は今後も、広告からレビューまで、様々な情報を取捨選択していくのでしょう。

ともあれ本著作の内容において重要なのは、一般消費者が単なる弱者ではなくなっているという指摘です。これは事実だと考えられます。こういった環境が整いつつあるのは、多くの一般消費者にとって朗報でしょう。少なくとも、様々な発信源からの多様な情報を得られるようになったのですから。

ただし、まだまだ油断はできません。店頭やＥＣサイトに不合理な判断を誘う罠がないとも言えません。そこにある商品のラインアップや価格などを、注意深く見る必要があるでしょう。

また、数多くの発信源や情報によって逆に混乱させられる可能性も増えています。あらゆる企てを見抜き、正しい情報を見つけ出すために、行動経済学の知見を活用していくのが良いでしょう。

第4章

人生とお金と行動経済学

住宅ローンのしくみ

住宅ローンは住まいの購入時に金融機関から受ける融資です。多くの人が住宅ローンを利用して家を買っています。住宅は数百万〜数億円単位と高額なため、返済期間は最大35年までと長くなります。長期的に見ると近年のローン金利は低い水準でありローンも組みやすい状況です。

住宅ローンは明治時代に、阪急阪神東宝グループの創業者である小林一三《こばやしいちぞう》によって生み出されたと言われます。

当時、家を持てるのは資産家など一部の層に限られていました。その状況下、阪急電鉄の前身である箕面有馬電気軌道は、沿線郊外に宅地を開発して住宅の販売を行いました。その際に、サラリーマンでも自分の家を持てる仕組みを用意したのです。頭金として売値の2割、残りを10年間月賦で払い込むと住宅の所有権が移る仕組みです。

この住宅ローンによって、資産を持たない人でも自分の家を持てるようになりました。

時が経って戦後、政府主導の持ち家重視政策が打ち出されます。住宅取得を支援する施策が実施され、持ち家が理想だという風潮が高まりました。誰もが「夢のマイホーム」に憧れました。

１９７３年の朝日新聞で紹介された「住宅すごろく」には、当時の住宅所有パターンが表現されています。「スタートは新婚時代の小さなアパート、子供が生まれる頃に少し広めの賃貸マンションに移り、やがて分譲マンションを手に入れ、それを売り払って庭付き一戸建を手に入れたところで上がり」です。

当時は終身雇用と定期昇給があり、ライフスタイルも画一的だったことがよくわかります。

ともあれ、バブルが崩壊するまでは住宅ローンを組んででも家を買うことに大きなメリットがありました。土地を買えば高い可能性で値上がりしたからです。間違いなく上がる不動産価格は「土地神話」と呼ばれました。

こうして誰もが持ち家を志向するようになっていきます。政府はこの風潮を利用しました。住宅購入の推進を景気刺激策としたのです。

住宅を購入する際には、家だけに止まらず車や家具などの耐久消費財などを新調したくなるものです。多くの人々が、このような購買を行えば消費全体が活性化します。

この景気回復政策は実際に効果があったため、繰り返し行われます。「失われた30年」と呼ばれた大不況においても、このパターンが踏襲されました。

政府は、住宅金融公庫の金利を下げ、低所得者でも大型ローンを組みやすくしました。

さらに、マイホームを購入した時に税金が戻る住宅ローン控除も、大型のものを導入します。

さらにこの時期、後々まで大きな問題となる制度「ゆとりローン」が導入されたのです。

本当は怖い「ゆとりローン」

「ゆとりローン（ゆとり返済）」とは１９９２年から住宅金融公庫（現在の住宅金融支援機構）が販売していた問題のある施策でした。その仕組みは、当初5年～10年間の「ゆとり期間」中は返済金額を抑え、その分をゆとり期間終了後に上乗せして支払うというもので、6年目と11年目に返済額が一気に上がるというものです。

しかし、住宅を購入する人は、最初の5年間の返済額が少ないので楽観的に考え、将来も払い続けられると勘違いしてしまいます。貸主が、信用できる住宅金融公庫であるということも後押しして、多くの人が疑問を感じることなく飛びつきました。

ところがこのローンは、初めの返済が少ないからといって返済総額が少ないわけではありません。単に返済を後回しにしているに過ぎないのです。しかも、当時は現在のような低金利時代ではありません。高い金利で長期間借り続けることになります。結果的に返済総額がどんどん膨らみます。

景気回復を目論む政府は、このように危険な住宅ローンで金を借りさせることによって住宅購入を促進したのです。

この「ゆとりローン」が成立するためには、終身雇用や定期昇給が必要です。ところが１９９０年代半ば以降、名目的な昇進はあっても右肩上がりの昇給はなくなっています。逆にリストラや企業倒産が相次ぎ、収入を維持するのがやっとという状態でした。

ゆとりローンの返済額は、このタイミングで一気に上がります。

例えば最初の５年間に８万円程度だった月々の支払いが、６年目から12万円、11年目から17万円といった具合です。すると、返済できない人が急増します。同時期に金利の低いローンも出てきましたが、デフレによって担保となる住宅の価値が下がっているため、借り換えはできません。返済期間の繰り延べなどの救済策もありましたが、結局は返済期間が長くなるため返済総額が増えます。焼け石に水といった状態です。

返済が滞れば最終的には、自宅の売却を迫られます。ただし「ゆとりローン」の場合、初期の返済のほとんどは金利の返済に充てられています。何年も返済したつもりなのに、元金はほとんど減っていないという状態です。従って、自宅を売却しても住宅ローンが残るという結果にもなってしまうのです。最終的には、自己破産せざるをえない人も現れました。

このような問題が明るみに出て、２０００年に「ゆとりローン」は販売中止となりました。

この住宅ローンは、目先の返済額で誤解を招く商品です。また国が提供する商品ゆえの信頼性を利用したものです。家を持ちたいと願う人々の情報力や判断力の弱さに付け込んだと言わざるをえません。

せっかちな人ほど目先の利益にとびつく

しかしながら、これほど問題のある住宅ローンを大勢の人が利用してしまったのですから、そこには何か理由があるはずです。行動経済学の視点で考えると、まず「**解釈レベル理論**」の心理的バイアスが働いたと考えられます。**人は心理的距離が遠い対象に対しては、より本質的・抽象的・上位的な点に注目して解釈し、近い対象には、より副次的・具体的・下位的な点に注目する**という理論です。

ローンを借り入れるタイミングはマイホーム取得を目前にした、心理的距離が近い状態です。そうなると、ローン返済の基盤となる将来の生活設計、冷静に行うべき長期的な家計の収支計算などがおざなりになります。目先の安い返済額に目がくらんでしまうわけです。

もう一つは「**時間割引**」の影響です。人は**「すぐに」もらえる報酬ほど、その価値を大きく感じ、もらえる時期が遅くなると、その価値が減っていく傾向にあります。**これを「時間割引」や「時間選好」と呼びます。人は、将来の報酬を現在の報酬に比べて低く（つまり、割り引いて）評価するのです。ここで割引く率は時間割引率と呼ばれています。

例えば、１年後に１万５００円もらうか、今１万円もらうかと聞かれると、かなりの人が目先の１万円を選んでしまうことでしょう。時間割引によって、将来の１万５００円が実際よりも安く感じられたのです。

この例を、金融機関の商品に置き換えて考えてみましょう。

「今１万円をもらわずに、１年後に１万５００円もらう」とすると、これは１万円を預けて１年後に年利５％の利息が付く金融商品を手に入れたと同じことです。しかもこの場合、現実の投資商品と違って元本は減るリスクがありません。現在の普通預金の金利が１％にも遠く及ばないことを考えると、かなりおトクな商品です。「１年後の１万５００円を選ばない」ということは、このおトクな金融商品を選ばないと同じことなのです。

時間割引の影響を受けると、冷静な判断をできず、将来よりも目先のメリットに飛びついてしまい、チャンスを失ってしまいます。

「せっかちな人」ほど、この時間割引率は大きくなります。例えば、遊ぶ楽しみを後にとっておくことができず、夏休みが残り少なくなるまで宿題を先送りしたり、将来に太ってしまうことがわかっていながら、目の前のお菓子を我慢できずに間食してしまったりする人がこれに該

時期と金額の相関で見る割引率

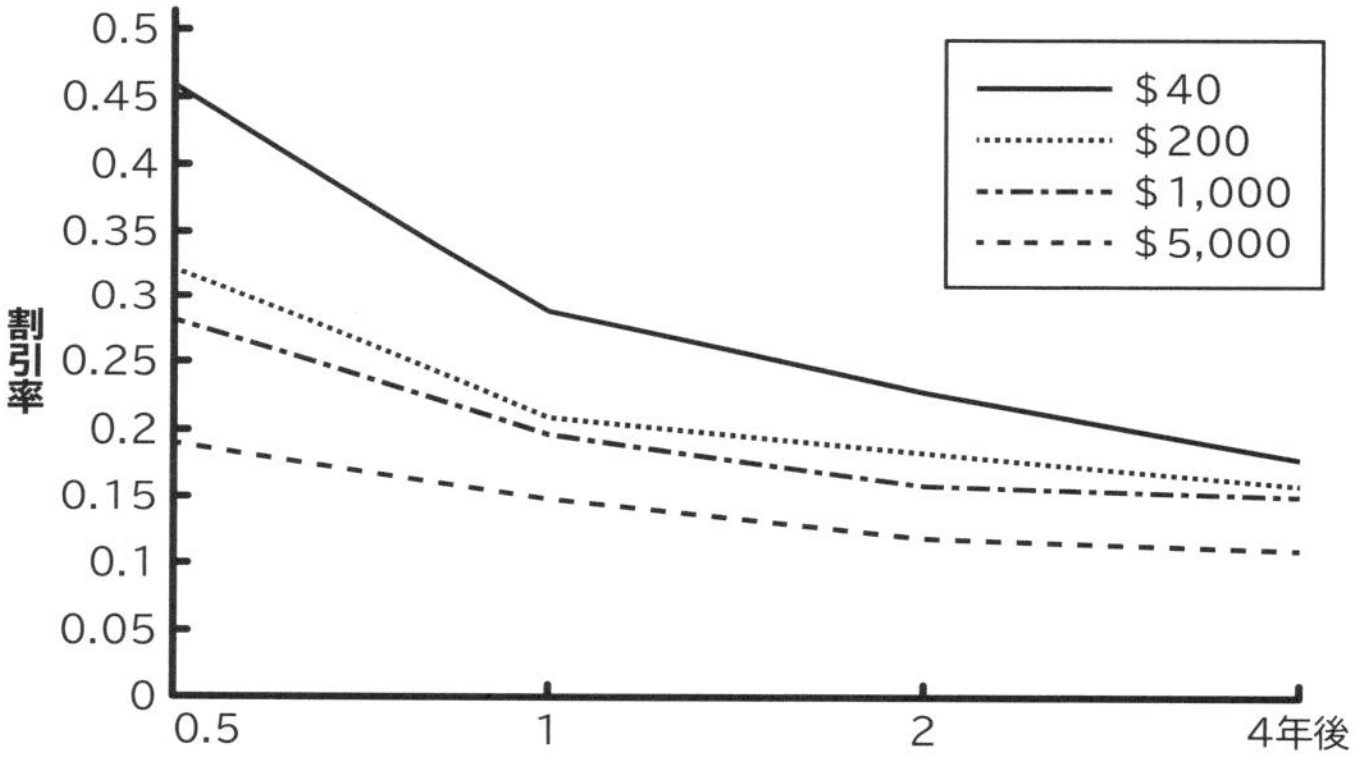

当します。これらは、多かれ少なかれ誰にでもあると思うのですが、その度合いは様々です。人によって時間割引率は異なるものです。

リチャード・セイラーは、この割引率が一定でなく時間と共に変化することに着目して実験を行いました。まず実験参加者に、銀行のくじで賞金が当たったと想定してもらいます。お金をすぐに受け取っても良いですし、後から受け取っても良いものとします。そして「受け取りを先に延ばし、なおかつ即金と同じ金額を受け取るのと同じくらい魅力あるものとするには、いくら支払って欲しいか」を答えてもらいます。

受け取り時期は、０・５年後、１年後、２年後、４年後の４パターンとし、受け取る金額は、40ドル、２００ドル、１０００ドル、５０００ドルの４パターンとしました。

結果、どの金額においても時間が経つほどに割引率が下がっていく結果（前ページ図）[※13]となっています。ただ、その下がり方は直近ほど下がり方が大きくなり、時間が経つにつれて、下がり方の傾きがゆるやかになっています。つまり、近い将来のことほど特に、人はせっかちになるのです。

また、金額が低いほど割引率が高くなる結果も出ています。少額のやり取りほど、せっかちになることが示されています。

ここまでの検討から、目先の低い返済額に惑わされる理由が「解釈レベル理論」によって明らかになりました。また、早く家が欲しくなる理由が「時間割引」によって見えてきました。結局、自分の不合理さに気づかなかったことが、ゆとりローンを借りてしまった原因です。

住宅購入は慌てずに

多くの人が多額のローンを組んでまで購入しようとする「住宅」について考えていきます。まず、住宅は特殊な商品であり、購入の際には、他の買い物とまったく異なるリスクがあります。

主に、以下の3点です。

（1）十分な購入経験なしで買う：一般の人が住む家を買う機会は、一生に1回～2回程度でしょう。従って、過去の経験を参考にすることはできません

（2）超高額の商品購入：買い物としては一般の人にとって最も高い商品です。従って、慎重になり過ぎたり焦ったりと平常心を失いがちです

（3）商品の良し悪しを確認しにくい：新築ならば完成前に、図面を見るだけで契約するのが普通です。高層階からの眺望も確認できません。構造も素人では判断できず、完成時には壁の奥で見えません

つまり人々にとって住宅は、抵抗感や不安を乗り越えながら購入する商品なのです。ここ数年は、耐震偽装など住宅購入のリスクを顕在化させる事件も起きています。それだけが原因というわけではありませんが、持ち家志向は薄れる傾向があります。

総務省統計局の「住宅・土地統計調査」によれば、30代前半の持ち家比率は、１９８８年から２０１８年の間に39％から26％へと下がっています。30代後半は57％から44％へ、40代前半が66％から55％、40代後半が72％から60％へと、軒並み10％以上の低下です。

特に、結婚や出産などを迎えて住宅購入意欲が高まっているはずの30代〜40代が、家を買わなくなっているのです。

この理由を考えると、この世代はゆとりローンなどに苦しんだ上の世代を見て、家を持つリスクを知っています。またデフレの中で生きてきたので、他の商品同様に家の価格も下がる可能性があると予想していることでしょう。また、急がずに買い時を待つ冷静さもあります。

確かに、将来的に家の値段が下がる根拠は十分にあります。

まず、少子化によって世帯数は減ります。逆に空き家は、社会問題化するほどに増加しています。

総住宅数に占める空き家率は２０１３年に13・6%、２０３３年には30%を超えると試算されています。その多くは形を変えて住宅として供給されるでしょう。

従って、需要減少と供給過多が起きるため価格は下がるのです。

住処のスマートな選択

今の時代は安易に住宅を購入するのではなく、自分のライフスタイルに適した住処を選ぶことが重要です。なぜなら不況で安定した給与を得られない事態や、転職によって給与が変動する可能性があるためです。家計が不安定な中でローンを払い続けるのは危険です。また、転職や移住が一般的になっています。転居しなければならない場合には、持ち家は足かせとなりかねません。

では、持ち家以外にどんな選択肢があるのでしょう。

まずは、賃貸住宅です。以前の賃貸住宅は建築費が削られて、仕様のレベルが分譲住宅よりも低い傾向がありましたが、最近は変化しています。賃貸住宅余りによって競合が激しくなっているためです。性能やデザインが優れた賃貸住宅も増えました。また以前は、高齢者が賃貸住宅を借りにくい状況もありましたが、そのような条件も緩和の方向に進むでしょう。

住宅購入を勧める販売員は、「家賃はドブに捨てるようなものです」とよく言います。所有に価値があった時代の典型的な営業トークです。今は利用にお金を払う時代です。レンタカーのように、有料で一定期間だけ使用するサービスだと考えれば、家賃を払うのも不思議ではありません。分譲住宅と賃貸住宅のどちらにすべきか、冷静に比較する人は増えるでしょう。

また、新しい賃貸住宅の中には、家具や家電が設置され、敷金・礼金・仲介手数料や、水道光熱費や通信料などを家賃と合わせて毎月支払う住宅もあります。シェアハウスも既に定着しました。中には、音楽やスポーツなどの趣味が合う人が集まるタイプや、シングルと親子が共に住むタイプなど多様化しています。またシェアハウスに似た形態でありながら、プライバシーや設備の質を高めたソーシャルアパートメントも増えてきました。

これらの他に、毎月定額の数万円を払うだけで、全国好きな場所を移動しながら仕事や生活ができる「家のサブスクリプション」も登場しました。また、仕事がある平日は都心部に住み、週末は田舎で暮らすデュアラー（二拠点生活者）のように新たなライフスタイルも現れています。これによって住居へのニーズも多様化するでしょう。

落合陽一氏は著書『日本再興戦略』[※14]で、「マイホームという制度と住宅ローンは、戦後日本の成長戦略を支えるすごい仕組みだった」と述べています。なぜなら「最初に頭金を払った後、数十年間もお金を払い続けるという形で、家計から自動的に所得が差し引かれる仕組み」だからです。

ただしこれは、国と国民がＷｉｎ－Ｗｉｎの関係にある時代だったからこそ成り立ったものと考えて良いでしょう。住宅ローンによって資産がなくても家を持てました。バブル以前は土地や家の価値が年々上がりました。国民はこうしたメリットを享受しつつ、国にお金を還流させたのです。

ところが、歯車が狂ってしまいました。住宅政策が景気回復の道具となり、利用者を騙すかのような住宅ローンによって、結果的にマイホームが奪われるような事態となっています。ただし、今は既に自己責任の時代です。国だけが一方的に悪いわけではありません。疑うことなく国を信じ頼ることが危険なのです。過去の常識を疑う必要があるわけです。他には「自分の家を持って初めて一人前だ」といった、古い常識もありました。

このような、家や土地を特別視する習慣も葬ったほうが良いでしょう。所有を良いものとする感覚も捨て去るべきです。

もちろん、持ち家をすべて否定するつもりはありません。ただし、住宅購入のリスクが想像以上に高いことは、肝に銘じる必要があります。住まいの多様な選択肢を検討し、自分が抱えるリスクも認識したうえで、最終的な判断をすべきなのです。

さらに、「所有から利用へ」という社会的な大トレンドや、これが住宅に与える影響は認識したほうが良いでしょう。住み方や暮らし方の選択肢は多様になっています。つまり、今までよりも自由に生きることができるのです。この状況を享受することが、幸せな生き方につながるでしょう。

例えば、家を持たずに気軽に移住する、マイホームに幸福感を見出す、中古住宅を自由にリフォームする、資産運用のために不動産を売買する、都心と地方に家を持つ、地方に移住する……。すべては自由です。

しかし、当然ながら自由には責任が伴います。失敗しないよう、解釈レベル理論や自分自身の時間割引率を含め、人間心理について知っておくべきです。人は誰でも不合理な判断をしてしまうものであり、その可能性も織り込んでリスク管理をするのが良いでしょう。

また、ゆとりローンのような「落とし穴」は、これからも手を変え品を変え、あなたの目の前に現れます。それらを見抜き、自分にとって最上の選択をしなければなりません。心理の弱点に付け込まれないためには、自分の知識が武器になります。そこでは行動経済学の知見が役立つはずです。十分活用することでリスクをコントロールし、自由を享受して頂きたいと思います。

保険が日本で普及したわけ

保険は、大別すると損害保険と生命保険に分けられます。そしてこれらは、制度や商品ができた時期や定着した経緯が少しずつ異なります。

損害保険の歴史は長く、古代オリエント時代までさかのぼります。資金を借りて旅に出た商人たちが、災害や盗賊の襲撃で荷を失った場合、資金を貸した者が損害を負うという取り決めから始まりました。さらに、15世紀半ばから17世紀半ばの大航海時代には海上保険も生まれました。船や積み荷の持ち主がそれらを担保に借り入れし、無事に帰ったら利息を付けて返済し、船や積み荷にトラブルがあれば返済が免除される仕組みです。海上保険に続いて、ロンドン大火（１６６６年）をきっかけに火災保険も誕生しました。日本でも江戸時代の朱印船貿易の時代に、この海上保険に似た制度が生まれています。

もう一方の生命保険は、中世ヨーロッパの同業者組合「ギルド」で冠婚葬祭などの費用を分担し合ったのが起源と言われます。その後17世紀に英国の寺院で牧師が組合を作り、万一の際に遺族へ生活資金を渡すために保険料を出し合いました。これが生命保険の始まりです。

日本における保険は１８６７年、福沢諭吉が海外の保険を紹介したことがきっかけとなり始まります。１８７９年には海上保険会社、１８８８年には火災保険会社が設立されました。生命保険会社の設立は１８８１年です。

明治時代から大正時代にかけては、日清戦争（１８９４～１８９５年）と日露戦争（１９０４～１９０５年）、関東大震災（１９２３年）など大きな出来事があり、戦死者や犠牲者に多額の保険金が支払われました。しかしこれらの悲劇によって逆に、多くの人々が生命保険の存在とメリットを知るようになりました。

第二次世界大戦（１９３９～１９４５年）後には、手に職のない多くの戦争未亡人が保険のセールスレディとなりました。各保険会社はこぞって受け皿を作り、彼女たちは日本中で家庭訪問や職域訪問による営業を行いました。

１９８０年代になると、大卒以上の学歴と税制や法律などの知識を備えたライフプランナーによるコンサルティングセールスも登場します。さらに時が経ち、ネット社会となった今ではデジタルメディアが、保険加入を促す情報提供や保険販売のチャネルとなりました。

こういった歴史を改めて見ると損害保険の根底には、商売などにおける「リスクの分散」や「投資」の狙いがあるようです。一方の生命保険は、「相互扶助」の精神で生まれたと考えられます。

戦後日本における生命保険の普及においても、一生懸命に販売ノルマを達成しようとする戦争未亡人と保険加入者の間に、暗黙の相互扶助意識があったと想像できます。ちなみに、当時の保険販売方法は「ＧＮＰ」などと呼ばれました。これは、「義理（Ｇ）」、「人情（Ｎ）」「プレゼント（Ｐ）」の三つです。保険知識の乏しいセールスレディたちはＧＮＰで日本中に保険を浸透させました。このような働きもあって、現在の日本は比較的、保険加入率が高いと言われています。

「生命保険文化センター」の調査[※15]によると、２０２２年時点の生命保険加入率は、男性77・6％、女性81・5％だそうです。また、一世帯当たりの年間払い込み保険料は、２０２１年時点の平均で37万１０００円でした。これを30年間払い続けるとトータルで１１１３万円、40年間だと１４８４万円になります。

仮に、こういった月々の支払いを貯蓄に回すという発想があれば、保険に加入しなくても、万一に対応することも可能かもしれません。にもかかわらず保険に加入する人が多いのは、なんらかの原因があるはずです。その原因を行動経済学の視点から考えていきます。

高価なのにお得に感じる謎

まず、生命保険に加入したくなる理由を考えていきましょう。

生命保険は加入者が死亡または病気や事故で入院、ガンの診断を受けたなどの際に役立つものです。亡くなる、病にかかるなど本人や周囲の人にとって、肉体的にも精神的にも大きなダメージを受けた時に必要になります。

保険に加入したくなる心理が高まるのは、こういった「**リスク**」や対処の必要性を身近に感じた際でしょう。

後のページになりますが、第5章の「大人がリスクを感じる18のリスト」の項で、オレゴン大学のポール・スロヴィックによる「**実際以上にリスクを過大に評価してしまう要素**」のリストを紹介しています。その中でも以下の項目が、特に生命保険との関わりが強いと考えられます。

- **犠牲者の身元：抽象的でなく身元のわかる犠牲者だと危険意識が高まる**

・事故の歴史：過去に良くない出来事があると危険意識が高まる
・個人による制御：被害が自分で制御できるレベルを越えたと思うと高リスクに感じる
・利益：対象がもたらす利益が明確でないと、明確な場合より高リスク
・復元性：うまく行かなかったときに、結果を元に戻せないとリスクが高い
・極度の恐怖：結果が恐怖心を引き起こす場合、危険意識が高まる

これらのリスクと、保険が必要になる事態との整合性を見ていきます。

・「犠牲者の身元」は自分の家族
・「事故の歴史」として家族の死や病気は、自分や身内で経験した人も多いはず
・事故に対して「個人による制御」はできない
・これによる「不利益」は精神面から経済面まで見通しがつかないほど大きい
・元に戻るかどうかという「復元性」も、特に死亡の場合はできない
・こうした事故に対しては当然ながら「極度の恐怖」を感じる

このように高いリスクを感じて、人は生命保険に入るのです。

一方の損害保険はどうでしょう。これは物が壊れたり、物を失ったりといった「損失」に関わる保険です。ゆえに、第2章の損失回避で解説した「価値関数」を含めた行動経済学の理論をいくつか見ていきます。

ダニエル・カーネマンとエイモス・トヴェルスキーが提唱した理論に「**プロスペクト理論**」というものがあります。これは損失回避の上位にある、行動経済学における代表的な理論です。人が損失と利得をどのように評価し選択するかを解き明かします。ちなみにプロスペクトは、期待・予想・見通しといった意味です。以下は、プロスペクト理論の二大法則です。

- **確率に対する人の反応は線形ではない**
- **人は損得の絶対量ではなく、損得の変化量から喜びや悲しみを感じる**

第2章の損失回避で解説した「**価値関数**」を思い出してください。法則の一つ「人の反応は線形でない」というのは、**この損得と満足不満足の関係を表す線が直線ではなく曲線**だということです。そして、損得が大きくなる、つまり中心から左右に遠ざかるほどに、反応を示す上り幅と下がり幅は小さくなっていました。

この性質を、行動経済学では「**感応度逓減性**」と呼びます。損得の値が小さいうちは、小さな変化が大きな喜びや悲しみをもたらします。**損得の値が大きくなるにつれ、変化への反応が鈍く**なります。例えば、気温が25度から30度に上がるより0度から5度に上がるほうが、同じ5度でも変化を強く感じます。これが感応度逓減性です。

プロスペクト理論のもう一つの前提である「損得の絶対量ではなく、損得の変化量から喜びや悲しみを感じる」を端的に説明するために以下の二人の違いを見て頂きます。

Ａさん：昨日は１００万円持っていて、今日５００万円持っている
Ｂさん：昨日は９００万円持っていて、今日５００万円持っている

今日持っている金額が同じ５００万円でも、昨日より増えたＡさんは喜んでいるでしょうし、減ったＢさんは悲しんでいます。同じ金額を持っていても今日に至る過程の変化が逆だからです。人は絶対量でなく、こういった変化の量で損得の評価をするのです。この変化の基準になるのが「参照点」です。前述の例でいえば、Ａさんは１００万円、Ｂさんが９００万円所有した状態です。変化が重要だとして、これを左右するのは変化の起点となる参照点です。この参

照点がその後の評価を左右する法則を「**参照点依存性**」と呼びます。

さて、この法則と特に関わりが深い保険があります。家電などを購入した際に、追加の保険料を支払うことで保証が充実するタイプの保険です。例えば「10万円のパソコン購入時に3000円を払うと保証が3年に延長される」といったものです。この保険に入ってしまう理由は何でしょう。

「10万円のパソコンの支払い時に3000円で3年保証をつける」場合と「既に持っているパソコンに3000円払って3年保証をつける」場合を比較します。購入時に保険に入るかどうかの判断は、10万3000円払うか、10万円払うかの選択です。既に持っているパソコンの場合は、単純に3000円払うか払わないかの選択です。

これらの比較の参照点はともに0円です。そして「マイナス10万3000円orマイナス10万円」と「マイナス3000円orプラスマイナス0円」を比較するものと考えられます。

前者では基本マイナス10万円なので、感応度逓減性により3000円の負担は小さく感じます。逆に、後者の心理的負担は何も払わないか3000円を払うかの選択なので、払うことへの抵抗感が生まれます。その結果、前者の場合は抵抗感を感じずに保険に加入するのです。

人はリスクを実際より多く見積もる

ここまで解説してきた「価値関数」は、プロスペクト理論における重要な法則の一つです。もう一つの重要な法則が「**確率加重関数**」です。次ページの図の横軸には「実際に起こる確率」が、縦軸には「起こると感じる確率」が示されています。左下の隅は共に０％、右上はともに１００％です。

この関数も、価値関数と同じく線形（直線）ではありません。**実際に起こる確率が小さい時は過大評価されて、実際以上に高い確率で起こると感じられます。実際の確率が中くらい以上に大きくなると逆に過小評価され、実際以上に低い確率に感じます。**

この乖離は、確率が０％や１００％などの数値の近辺で極端に強くなります。例えば、０％に近い確率で実際に起きることは、実際よりも相当高い確率に感じます。逆に、１００％に近いけれど１００％未満の確率で起きることは、実際は99・９９……％といった高確率であるに

確率加重関数

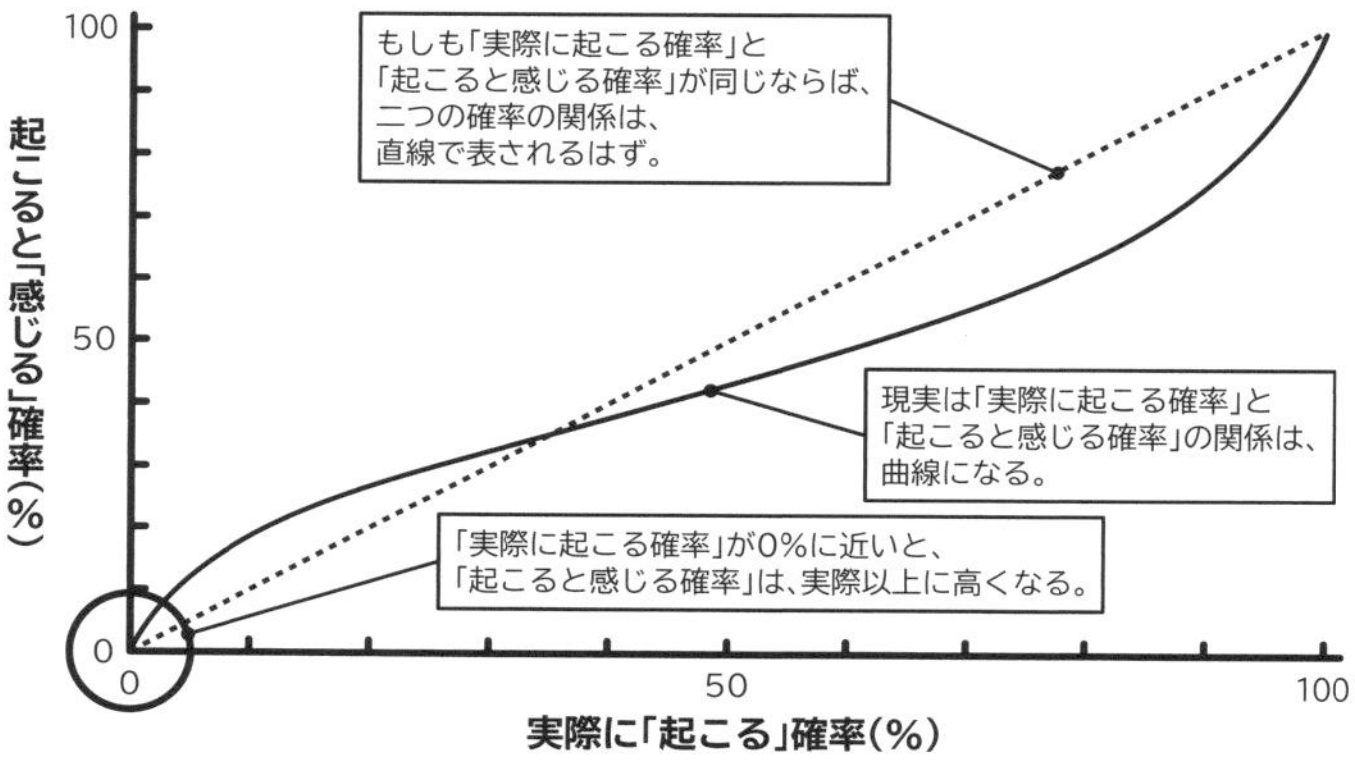

もしも「実際に起こる確率」と
「起こると感じる確率」が同じならば、
二つの確率の関係は、
直線で表されるはず。
現実は「実際に起こる確率」と
「起こると感じる確率」の関係は、
曲線になる。
「実際に起こる確率」が0%に近いと、
「起こると感じる確率」は、実際以上に高くなる。
100
50
0
0
50
100
起こると「感じる」確率（%）
実際に「起こる」確率（%）

もかかわらず、その数字よりも相当に低く感じます。

この傾向から生まれた法則が「確実性効果」です。これは前記と裏腹に、0%や100%など「確実」に起きることに注目し、高く評価する心理的バイアスです。

さて、この確実性効果によって保険加入の判断はどんな影響を受けるのでしょう。まず損害保険によって損失が確実に補償される場合、損をする確率は0%です。確実性効果によって、これは強烈な魅力になります。一方で損害保険に入らない場合は、その事故に遭う確率が限りなく0%だとしても、まったくのゼロではないので、実際より高い確率に感じます。これら二つの心理によって、損害保険に入れば「実際以上の確率で起きそうな損失を、１００％確実に避けると」ことができると考えます。その結果、積極的に保険に入り、万一の事態に備えようとするのです。

以上の行動経済学の知見から、人は実際の確率と異なる、自分が「感じる」確率を根拠に行動していることがわかります。時には、実際以上にリスクを強く感じ過ぎます。また補償に対して必要以上に安心感を抱くこともあれば、保険の支払い負担を金額よりも軽く感じることもあります。こうした心理的バイアスの影響を受けながら、保険に入るという選択をしているのです。

さて、ここまで行動経済学の法則をふまえて、思わず保険に入りたくなってしまう理由を述べてきました。ただし当然ながら、保険に入ることは悪いことではありません。不要な保険に入るのが悪いことなのです。かつて日本人は保険に入り過ぎると言われていましたが、ここ数年は加入率や払い込み金額が下がっています。

保険を販売する側の状況も、過去とはだいぶ変わりました。主流だった職域販売も企業の安全管理上、難しくなりました。ＧＮＰ（義理・人情・プレゼント）による販売も既にありません。登場したばかりの頃は珍しく魅力的だったライフプランナーも、今は普通の営業マンと同じに見えます。ネット通販による保険への加入も、始まった頃よりは敷居が下がりました。

今や保険は、「保険に入るかどうか」から「どんな方法で加入するか」まで、自分の意思で決めるものになってきました。心理的バイアスに誘導されて入る、または加入が当然という惰性に流されて入るものではないのです。

保険に関する知識や、より良い保険を探す少しの努力があれば選択肢が広がります。自分の家族構成、資産状況、ライフスタイルなどをふまえて必要な保障を選び、最適な選択をすることが大事です。

そんな時、自分がプロスペクト理論などの心理的バイアスによって不合理な選択を行っていないかどうか、自分自身でチェックする必要があります。従って、行動経済学の知識を持つこと自体が、リスク回避の重要な第一ステップなのです。

老後年金２０００万円問題の背景

金融庁が２０１９年６月３日に公表した、金融審議会による「高齢社会における資産形成・管理」報告書が話題になりました。以下のような統計データを示したものです。

・２０１７年の平均寿命は男81・１歳、女87・３歳
・２０１７年の高齢夫婦無職世帯（夫65歳以上、妻60歳以上の夫婦のみの無職世帯）の毎月の赤字額（実収入－実支出）の平均値は約５・５万円

夫婦無職世帯の平均余命を20年または30年とした場合の生涯赤字額を、前記から計算すると以下になります。

・20年の場合：5・5（万円）×12（ヵ月）×20（年）＝１３２０万円
・30年の場合：5・5（万円）×12（ヵ月）×30（年）＝１９８０万円

この1320万円～1980万円の生涯赤字額は、貯蓄や退職金で補填していると推測できます（2017年の高齢夫婦無職世帯の平均貯蓄額：2484万円／2017年の定年退職者の平均退職給付額：1700万円～2000万円）。

この点は、報告書の中で以下のように記述されていました。

「夫65歳以上、妻60歳以上の夫婦のみの無職の世帯では毎月の不足額の平均は約5万円であり、まだ20年～30年の人生があるとすれば、不足額の総額は単純計算で1300万円～2000万円になる。この金額はあくまで平均の不足額から導き出したものであり、不足額は各々の収入・支出の状況やライフスタイルなどによって大きく異なる」

ところが、マスコミ各社の報道において「老後資金は2000万円不足」という部分が独り歩きします。実際には平均1300万円～2000万円の不足は、貯蓄で補填できるという結果が示されているにもかかわらず、2000万円を新たに調達しなければならないかのような論調でした。視聴者の不安を煽りながら、ニュース番組の視聴率を上げようとします。

さらに、参議院議員選挙を控える状況下、野党がこの問題を政治的に利用しました。「2000万円の赤字分を自分で用意しなければならないのか」「100年安心と銘打った年金制度は嘘だったのか」などと与党を責めます。これがまたニュースとなり、ネット上も「年金の破綻を国が認めたのか！」「保険料を払わせて自助努力はないだろう！」といった声で炎上します。結局、麻生金融相は、国民の不安を煽ったという理由で金融審議会の報告書の受け取りを拒みました。

残念ながら報告書は、マスコミに揚げ足をとられ、野党に政争の具にされ、効力を失いました。ところが実は、いくつか重要な指摘があったのです。今後、寿命が伸びて、退職金が減少傾向にあり、年金支給額が減ると予測される中で必要な三つの準備です。

①適切なライフプランを立てること：「大学卒業、新卒採用、結婚・出産、住宅購入、定年、退職金と年金で生活」という古いライフスタイルではなく自分のプランを作る

②「自助」の充実：望むライフプランや生活水準に合わせて、就労継続の模索、支出の再点検や削減、資産形成と運用など「自助」を充実させる

③資産寿命を延ばすこと：以下、三つのライフステージに応じた対応を行う。現役期は、長期・積立・分散投資による資産形成。リタイア期前後は、退職金の有無もふまえたプラン再検討および、中長期的な資産運用の継続と計画的な取崩し。高齢期は、心身の衰えを見

据えたプランの見直しや取引関係の簡素化、自分で行動できなくなった時の備え

これらは、長い人生に備えた準備が必要という真っ当な内容です。

「自助が必要＝今の年金政策に問題がある」という誤解が喧伝されましたが、今の高齢者でも年金だけでは生活全般をまかなえません。

厚労省の調査によれば、高齢者世帯の収入における公的年金の比率は66％です。残りは自助でまかなうのが普通です。今後も引き続き、自助の意識を高めて準備をする必要があります。しかし報告書が効力を失ってしまえば、こういった内容を推進する政策は不可能になってしまうのです。

視聴者が報道に同調してしまう理由

それにしても、なぜあれほどまでに２０００万円の記事が話題になったのでしょうか。もちろん、偏ったマスコミ報道もその理由です。ただし、その一方で視聴者の心理の中にも、報道に注目してしまう原因があったのではないでしょうか。この心理について、行動経済学の視点で考えていきます。

第一に、行動経済学における「**同調効果**」が影響していると考えられます。これは個人が無意識に人と同じ行動を取ってしまう現象です。集団と同じ行動を取ることで安心を得ようとする群集心理によるものです。イェール大学の心理学者スタンリー・ミルグラムが、この同調効果を実験によって実証しています。その方法は次のようなものです。

ニューヨークの街中で冬の午後、実験者が歩道に立って空を見上げます。この人数を１人、２人、３人、５人、10人、15人と変えて、それを見た通行人の反応を観察します。実験者の行動は決まったパターンの繰り返しです。指定の場所で立ち止まり、通りの向かい側にあるビルの6階の窓を60秒間見上げ、その後に立ち去ります。一定時間経つと今度は別の「見上げる人」が同じ場所で同様の行為を行います。この実験の間に通りがかった通行人は全部で１４２４人です。そのうち、何人がつられて見上げたかを数えました。

その結果、見上げるのが１人の時に立ち止まったのは通行人の４％、15人が見上げると40％が立ち止まりました。さらに、つられて窓を見上げた割合は、見上げるのが１人の時は43％、15人のときは86％でした。**皆が注目するものには自分も反応し、合わせる**という同調効果が実験で検証されました。今回の２０００万円問題も、ニュースやネットで注目が集まっていることを知った人々が、同調効果によって自らも注目しました。この同調の輪が拡大することで、今回のような騒ぎになったと考えられます。

もう一つ、２０００万円という数字がなぜ不安を煽ったのかも疑問です。これは、１３８ページで解説した「アンカリング」の影響です。アンカリングは、先行する何らかの数値によって、その後の判断が歪められるものです。

ダニエル・カーネマンとエイモス・トヴェルスキーは、これを実証する以下の実験を行いました。「国連加盟国のうち、アフリカの国の割合はいくらか」を対象者に尋ねる実験です。ただし、その前に一つの質問をするのです。半数には「アフリカの国の割合は65％よりも大きいか小さいか」と尋ね、残りの半数には「アフリカの国の割合は10％よりも大きいか小さいか」尋ねます。

その結果、65％と比較した対象者における回答の中央値は「45％」でした。10％と比較した対象者は「25％」でした。つまり、事前質問での数字がアンカーとなって、65％と比較した人のほうが10％と比較した人よりも高い数字を回答したのです。

今回の騒動においては、独り歩きした「２０００万円」という数字を評価するにあたって皆、自分で用意できるお金、即ち預貯金額を頭に思い浮かべました。この時点での自分の預貯金額がアンカーとなります。

ちなみに、厚生労働省の２０１６年国民生活基礎調査「各種世帯の所得等の状況」によれば、全国の平均貯金額は１０３３万円です。２０００万円以上の貯金がある世帯は、全体の15％程度でした。つまり、全世帯の85％の人は必要とされるだけの貯金がないということになります。アンカーとなる自分の預貯金の2倍もの金額が必要だと感じた人々は、不安になるわけです。

以上をふまえて今回の２０００万円問題は、以前から続いている年金問題を根底に、偏った報道や与野党の攻防が行われ、人々は同調効果やアンカリングの心理的バイアスによって、必要以上に不安を感じたと整理できます。

ただし、経緯が何であれ今回の騒ぎは、今後行われるべき年金改革を妨げます。元々、膨張が続く現在の年金受給者への給付を減らさない限り、将来世代の年金が確保できないと言われています。

今回の騒動は給付と負担のアンバランスを解消する改革を進めようとした矢先の出来事でした。

この問題の影響により政府は、年金の仕組みに問題があると思われたくないため、「給付抑止」をタブーとして封印する可能性があります。同様に、報告書の重要ポイントである「自助努力」までもが無視される可能性があります。それどころか、これらの重要事項の議論をすることさえ難しくなってしまいました。

実は「2000万円の不足」以外にも、問題は多くあります。例えば、自助のために積み立てるお金がない人々の問題です。日本の納税者の6割は所得税率が最低限の5%、即ち課税対象所得が195万円以下です。こういった人をどう支援するかという問題があります。

ところが今回の騒動によって、高い所得を得ながら年金をもらい続ける高齢者への給付を停止する、といった本来必要な改革が停滞しかねません。現在の公的年金制度が「失敗」ではないと強弁するために、あるいはヒステリックなクレーム層をかわすために、重要な議論がストップしてしまうのです。

年金制度が順調でないことは、既に多くの人が知っています。年金だけで十分暮らせると考える楽観的な人は多くないはずです。自助努力が必要なことくらい、言われなくてもわかっているでしょう。そういった「普通の人々」は、報告書の内容にも違和感を覚えないはずです。

金融商品の広告で必要なこと

当時の騒動において、年金改革が滞り、自助努力を支える政策が進まなくなるなどマイナスの側面も数多くありました。その一方で、この騒動にはプラス面もあったと私は考えています。それは、一連の騒動全体が現役世代に自助努力を促す「壮大なＰＲ」になったという側面です。実際に日経新聞の報道によれば、報告書が発表された直後に複数の証券会社で、少額投資非課税制度（ＮＩＳＡ）の申し込みが前月比１・７倍、前週比15％増と増加しました。また老後資金セミナーへの参加、ファイナンシャルプランナーへの相談も増えているようです。もし報告書が大々的に報道されていなければ、こういった現象は起きなかったでしょう。

「老後の不足、２０００万円」という言葉も、それが正しいかは別として、視聴者の耳目を集める「キャッチコピー」としては抜群の効果を発揮しました。金融の広告やマーケティングに約20年携わっている立場で申し上げると、金融の広告で注目を集めるのは困難です。さらにセミナー参加のような行動を起こさせることは至難の業です。なぜなら金融商品は、車やビールや化粧品のような一般的な消費財と違うからです。

米国マーケティング協会によるマーケティングの定義は、「マーケティングとは、顧客、依頼人、パートナー、社会全体にとって価値のある提供物を創造・伝達・配達・交換するための活動であり、一連の制度、そしてプロセスである」というものです。つまり、その商品の価値(＝良いところ)を伝えることがスタートです。ところが、金融のマーケティングの場合、それだけでは不足です。「ポジティブな価値を訴求する」と同時に、「ネガティブな要素を超越させる」ことが必要なのです。

例えば今回のような「老後の資金を用意する投資商品」ならば、当然ターゲットに商品が「安心」で「有利」であると伝える必要があります。ただ、この「ポジティブ訴求」だけではターゲットは動きません。商品を検討する際には「自分がリタイアして老人になった状況を想像」する必要があります。投資商品なら、市況次第で「大事なお金が減ってしまう可能性」も考えなければなりません。これら不安や恐れなどの「ネガティブ要素」が金融商品にはつきものです。

しかし、人は嫌なことは考えたくないので先送りします。そうならないように金融マーケティングでは、ターゲットの不安や恐れを払拭したり、超越させたりすることが必要なのです。

そうして初めてターゲットは行動を起こすのです。

これには相当な工夫やパワーが必要です。今回の騒動は現役世代の人々に、「老後に向けて何もしないことのリスク」を突き付けました。「老後の不足、２０００万円」と言われれば真剣に考えざるをえません。しかも、この言葉にはリアリティを醸し出す具体的な数字が入っています。結果、多くの人が先送りせずに行動したのです。


結局のところ、報告書で狙った「自助努力の促進」が、想定されていた官主導のプロセスではなく、一般生活者による自発的な行動で進んだと言えるかもしれません。あとはこの動きを止めることなく、より広く拡大する政策が次の課題でしょう。

今まで先送りし続けてきた人も、この流れに乗るべきです。「２０００万円など無理」、と思考停止に陥っている人も多いかもしれません。まずはアンカリングの知識をふまえて、現在の自分の預貯金額というアンカーを忘れることです。この金額は、リタイアする年齢までにまだ増える可能性もあります。

そもそもこの調査の結果は、２０００万円必要というものではありませんでした。

こういった必要以上に不安を感じさせる原因を、一つ一つ取り除くのが良いでしょう。そのうえで再度、自分のプランを考えていきましょう。

年金の加入者が増えた仕組み

第1章で解説した「ナッジ」は、実社会の様々な課題の解決に活用されています。代表的なものが、労働者の退職後に向けた積立行動の促進です。

かつては利用が伸び悩んでいた、「確定拠出型年金」への加入と拠出を増やすプロジェクトにナッジが活用されています。具体的な施策として「貯蓄プランへの自動加入」と「SMarTprogram（Save More Tomorrow：明日はもっと貯蓄しよう）」の二つが行われました。

実は、米国の確定拠出型年金には多くの加入メリットがありました。まず、拠出する金額に対する税金面での優遇があります。また、従業員が払う掛け金の一部を事業主が負担してくれます。その分は、いわばタダでもらえるお金です。中には申込みの手続きをするだけで、これらのメリットを享受できるプランもあるのです。

それにもかかわらず、確定拠出型年金に加入しない人が多数いました。主な理由はおそらく、単純な先延ばしでしょう。加入手続きには若干の手間がかかります。給与から天引きされる拠出分の割合を決め、そのお金をどのファンドに配分するかを決めなければなりません。これらが面倒なため、途中で止めてしまう人が多かったのです。

加入促進を進めるうえで、ここに第一の問題があります。申込みの時期に「何もしなければ加入しない」仕組みだったことです。先送りする人や、考えても決められない人の場合は、手続きが完了しない状態で時間だけが過ぎていきました。

実は、これは「自動加入方式」にすることで解決できます。「何もしなければ、既定の拠出率とファンドへの配分」で加入する仕組みに変えるのです。この方式の導入前のあるケースでは、「最初の加入率が20％で3年後には65％」でした。ところが、自動加入方式を採用したとたんに「最初の加入率が90％で3年後には98％」まで増えたのです。

このように初期段階で成功しても、その後の脱退者の増加やハイリスクな運用によって、損失を出す人が増えるのは困ります。そこでデフォルトのプランでは、拠出率を給与の2％〜3％と低めにして、運用も保守的な投資プランにしました。

すると、そこでもう一つ問題が生まれます。あまりに保守的な投資プランでは、老後の生活資金が確保できないのです。

そこで考えられたのが、SMarTprogram です。これは簡単に言うと、拠出率を自動的に引き上げる仕組みです。給料が上がるごとに事前に決めた割合で拠出率を引き上げるのです。拠出金は賃上げ分より低く設定され、手取りが下がることはありません。もし拠出率の引き上げをキャンセルしたければ、申し出れば可能です。実際にこの SMarTprogram を導入した結果、当初3・6％だった拠出率が約4回の賃上げを経て13・6％まで上昇したケースもあります。

この確定拠出型年金への加入促進の仕組みは、ナッジに基づいた成功事例です。その裏側では、行動経済学の法則もふまえた加入者の心理分析が行われています。

まず「自動加入方式」が上手くいくのは「**フレーミング**」によるものです。これは、**たとえ内容が同じでも見せ方や表現を変えることで印象が変わる心理作用**です。人は、質問や提示のされ方（＝フレーム）で意思決定が変わってしまうのです。

例えば、外科の先生に、

A：この手術は95％の確率で成功します
B：この手術は5％の確率で失敗します

と、言われるとポジティブな印象を持つのはＡになるでしょう。Ｂでは不安が募ります。言っている内容は実は同じでも、印象はまったく変わります。

ある健康効果をうたう商品の広告で、

Ａ：購入者の90％が効果を実感しています！

Ｂ：購入者の10％は効果を実感できません！

と出ていたら、購入したくなるのはＡではないでしょうか。にもかかわらず、本人はフレームに左右されていることを意識しません。

第３章で解説した「メンタル・アカウンティング」は、同じお金でも、入手の仕方や使途、お金の名目で価値の感じ方が変わるという法則でした。これはいわば、お金に関するフレーミングです。同じく第１章では「初期値効果」を紹介しました。これは、デフォルト（初期値）の設定がその後の人々の選択に影響を及ぼす効果です。そして、これもまたフレーミングの一種です。

今回の確定拠出年金の利用促進における「自動加入方式」は、まさにこの初期値効果を利用した仕組みです。これにより、加入者が一つ一つ選択しなくとも、既定の拠出率とファンドへの配分で加入できるように設定してあるわけです。

一方、SMarTprogramが優れているのは、人々が賃上げで増えた収入を使ってしまわずに貯金に回す点です。昇給分を貯金に回すのが難しい理由は、１６０ページで解説した「**時間割引**」によって明らかです。人は、すぐにもらえる報酬に高い価値を感じるのです。このような、未来の利益よりも目先の利益を優先してしまうバイアスは「**現在志向バイアス**」とも呼ばれます。

これは例えば、ダイエットをして将来に理想的な体型を手に入れようと意気込んでいても、目の前に美味しそうなケーキを差し出されたら「少しくらいなら」とつい手を伸ばしてしまうという心理です。

この現在志向バイアスの影響を受けると、賃上げ分は使いたくなります。これを避けるために、SMarTprogramでは、第2章と本章の「ゆとりローン」の紹介で触れた「**解釈レベル理論**」を活用しています。

この理論によると、人は心理的距離が遠い対象に対して本質的で上位的な点に注目します。SMarTprogramを始める時点の心理を考えます。その時点での昇給は、時間的にも心理的にも遠い先のことです。そのため、その使途については冷静に考え、無駄遣いせずに貯蓄に回そうという判断ができるのです。

仮に、お金が手元にあったら冷静な判断は難しいでしょう。我慢しきれず、今欲しいものを買ってしまうかもしれません。あえて加入の時点で将来の判断をさせることにより、拠出金を増やす仕組みなのです。

この「自動加入方式」と「SMarTprogram」によって、加入者は拠出金を貯める基盤を手に入れたことになります。その後は、これまでに紹介した「現状維持バイアス」が役立ちます。変化することによる損失を避けようとして現状を維持するバイアスです。これによって人は、一度設定した拠出年金の仕組みをわざわざ手間をかけて変えることはないのです。現状維持バイアスがプラスに働くわけです。

ここまでは現代の米国の事例でしたが、振り返って日本はどうでしょう。

日本人が貯金好きになったカラクリ

「江戸っ子は宵越しの金はもたない」という言葉は有名です。この時代は、こそこそとお金を貯め込むのは粋ではない、という風潮でした。実際にコツコツ貯蓄する庶民は、あまりいなかったようです。

現代の米国と同様に日本人は、元々貯蓄に積極的だったわけではありませんでした。これが変化したのは明治維新がきっかけです。新しい日本ができる際に、国家主導で貯蓄の習慣を普及させることになりました。郵便局が貯金を扱う英国の仕組みを取り入れて、1875年に郵便貯金制度が始まりました。貯蓄より消費という江戸時代からの習慣がありましたから、定着には時間がかかりました。その対策として、政府が高い金利をつける、地域の名士を郵便局長にするなど様々な方法が用いられたと言われています。

その後、近代化が推し進められて日本は工業中心の産業振興、憲法制定、日露戦争の勝利などを経て列強の一つとなります。さらに、後の太平洋戦争勃発を控えた１９３８年には国家総動員法が制定されます。政府が国のあらゆる人的物的資源を統制運用できるようになったのです。日露戦争では英国や米国から公債を募集して軍費を調達しましたが、今回は国民に頼らざるをえません。政府の財源を賄うために、１９３９年には天引きによる強制貯蓄制度が始まりました。また１９４０年には、やはり天引きによる源泉徴収制度も成立します。国民のお金を確実に供出させる手段として、天引き制度が始まったのです。

太平洋戦争が終わった後も政府は、戦後復興の資金を確保するために救国貯蓄運動を展開し、「貯蓄は美徳」の概念を国民に広く浸透させました。全国の小中学校で「子ども銀行」を学校指導で進めるなど、教育機関も巻き込みます。様々な方法で国民が貯蓄に励むよう促したのです。こうした経緯を見ると日本における貯蓄は、近代化や大戦前後などの歴史の中で、国主導で習慣づけられたものと言えそうです。

こうして戦後の日本は、世界でも貯蓄率の高い国になりました。１９７５年には23・１％という記録を作り「日本人は貯金好き」という印象を世界に与えます。

100
BANK

将来に備えられない日本人

ところがＯＥＣＤ（経済協力開発機構）が算出した２０２１年の貯蓄率は、ドイツ14・9％、アメリカ12・4％などと比べても低い7・8％です。この大きな理由としては、低成長経済の状況下で可処分所得が減っているためという説があります。

将来への備えがない日本人が増えています。これは良い状況ではありません。とはいえ、日本にはSMarTprogram はありません。貯金が必要なのは誰でもわかっています。それができないことが問題なわけです。そこで、ＩＴ技術を使った新たな金融サービス「フィンテック（FinTech：Finance+Technology）」のサービスが役立ちます。

その一つが「おつり貯金」[※16]です。これはスマホにアプリを入れて、カードなどで買い物をするたびに、設定に合わせて一定額が貯金されるものです。設定の単位は、１００円、５００円、１０００円などです。仮に２８０円でコーヒーを買ったとすると、それぞれの設定により、20

円、220円、720円が貯金されます。買い物の端数が原資なのであまり深く考えず、しかも頻度が高く貯金ができる仕組みです。

他にもユニークな貯金として、「歩数貯金」※17があります。これは例えば「1日5000歩を歩いたら、500円貯金」や、逆に「1日5000歩を歩かなかったら、500円貯金」のような設定で貯金をするものです。貯金しながら健康促進にもつながります。

また「チェックイン貯金」※18もあります。ジムや習い事の教室など、あらかじめ登録してある場所に近づくと、自動的に指定の金額が貯金されます。トレーニングや学習などの自分の頑張りが貯金額に反映されて励みになるといった使い方です。

他にも「空き枠貯金」※19というものもあります。1カ月のカード支払いが設定された予算を下回ると、その差額が貯金されるものです。節約した結果が貯金に反映されます。

これらはすべてスマホにアプリを入れて、いくつかの設定をするだけで簡単に利用できます。あまり難しいものではありません。

これらの仕組みにおいても行動経済学の知見が活用されています。

例えば、貯蓄するお金（おつりなど）を目にしないまま自動的に貯蓄のような、より良い使途に振り替える仕組みです。これによって、お金を手元に置けば使ってしまう、**現在志向バイ**

アスから逃れることができます。

利用者が、将来の貯蓄タイミングに備えて、事前に設定しておく仕組みもあります。**解釈レベル理論**に基づいて、心理的にも時間的にも遠い将来のために本質的で上位的な判断ができるようにしてあります。

どれも一度始めると設定を変えない限り続く仕組みです。**現状維持バイアス**を活用しているのです。また、これらはすべて身近な生活行動と関連があります。手軽に始められるため、自分の将来のために生活資金を用意する「自助」の一つとして良い方法ではないでしょうか。

さて、この「自助」に関しては、国もより一層の工夫をしなければならないはずです。既に「貯蓄から投資へ」の掛け声もだいぶ古びてきました。とはいえ、昔のように国が指導をするわけにはいきません。

一方で人々の心には、年金２０００万円問題で課題が噴出したように、国への不信感もあります。こういった状況下では、米国のナッジ成功事例を参考に、日本の課題に合う仕組みを作ることも重要でしょう。指導ではなく、自然な形で国が自助を支えるのです。

ただし、ここで注意点が二つあります。一つは「**スラッジ（Sludge＝汚泥）**」を避けることです。これはいわば「悪しきナッジ」です。**人の心理的バイアスを悪用し、本来の目的と外**

れた方法で、人をだまして不当に利益を得る行為です。一度始めたら止めにくい契約などはスラッジの典型です。

もう一つはナッジが、単に国民をコントロールする手法ではないと理解することです。ナッジを活用するにあたっては、第1章で触れた**リバタリアン・パターナリズムという「精神」が重要です。「権力的強制に頼らず」「人々の選択の自由を狭めることなく」、「人々に有益な行動を促す（または有害な行動を止める）」**という基本ポリシーです。ここから外れてはいけません。

そのうえで、**頭でわかっていても体がついていかない人を、より正しく支援する**のがナッジです。この精神を運用に関わる人すべてが認識し理解する必要があります。この「強制しない」ナッジの精神を体得しない限り、表面的で効果のない施策で終わってしまうことでしょう。

第5章

ソーシャルスキルと行動経済学

ユーチューバーが子供に人気になったワケ

ユーチューバーとは、動画共有サービス『YouTube』に動画をアップロードして、その動画につく広告を収入にしている人です。ユーチューバーになるための資格試験などはありません。まずはGoogleアカウントを取得して、動画をアップロードしていけばいいのです。ただし、広告収入を得られるような認定を受けるためには、自分のチャンネルで公開している動画の合計視聴回数が1万回に達する必要があります。自分の動画に挿入される広告を視聴者が見て、クリックすると広告収入になります。もし有名になれば、企業とのタイアップで直接企業から収入を得るなど、仕事や収入の幅が広がります。

このユーチューバーが、小学生が「将来就きたい職業ランキング」（２０２２年9月学研教育総研調査）で、1位パティシエに次ぐ2位となりました。3位以下の医師、警察官、プロサッカー選手を上回る順位です。同調査では２０１６年まではベスト40にも入っていなかったのですが、その後に急浮上し上位の常連となっています。ユーチューブに親しんでいない高年齢の世代にとっては、驚くべき事態のようで、様々なメディアに取り上げられていました。さて、果たしてこれはおかしなことでしょうか？

まずこのような「ユーチューバー人気」について考える前に、背景となるいくつかの事柄を理解しておく必要があります。

第一にYouTubeというメディアの力がこの数年、急激に強まっています。デジタル社会となり、ネットで動画コンテンツを見るためのインフラやデバイスが進化し普及しています。スマホでいつでもどこでも動画を視聴するのが、ごく自然な行動となりました。その際、コンテンツも豊富で気軽に視聴できるYouTubeは最適なメディアです。

視聴者数もコンテンツ量も巨大化しています。国内の月間ユーザー数は、２０２３年時点で７１２０万人を超えました。世界全体では約27億人が利用しており、１日当たりのコンテンツ視聴時間は10億時間に上ります。またコンテンツ量に関しては２０２２年の時点で、１分間あたり５００時間以上アップロードされています。つまり１時間あたり約３万時間の動画が投稿されていることになるのです。

番組の内容は、まったりしたものから、非日常感のあるもの、自由奔放に弾けたものまで様々です。制作編集に費用をかけられないため企画の面白さが勝負です。コンプライアンスに縛られるようになってしまったテレビと比較して、面白いと評判の番組が多くあります。

第二に、ユーチューバーが動画選びの目印になっています。

YouTubeを中心に動画サイトは多数あり、日々大量の動画がアップされ蓄積されています。視聴者は膨大な数の動画群から、自分が楽しめる動画を選ぶ必要があります。多過ぎて探せない場合は、動画紹介サイトや知人がシェアする情報が役立ちます。ただしこれは他人の判断なので、確実とは言えません。自分向きの動画を選ぶには、好きな番組を探して、それを制作するユーチューバーのチャンネルや関連動画から選ぶのが良い方法です。自分の趣味や関心事と重なるユーチューバーによる番組は、ハズすことなく楽しめます。または、単純に好きなユーチューバーが出ている動画を選ぶ方法もあります。ユーチューバーが、番組選びの目印になるのです。

第三に、ユーチューバーは視聴者にとって身近な存在です。

ユーチューバーは全世界に番組を配信できる立場ですが、制作スタッフを雇う一部タレントなどを除けば、その実態は毎日コツコツとコンテンツを制作し投稿する一人の人間です。彼らが作った動画からはその生活感、日々の努力、人間性などが混在した、「そのユーチューバーらしさ」が見えてきます。また彼らは、コメント欄を通じた視聴者とのコミュニケーションも行います。すると視聴者もユーチューバーに対して、共感や信頼の感情を抱くようになります。視聴しながら居心地の良さのようなものを感じ、また応援したいという気持ちも生まれます。こうして、そのユーチューバーのファンになるのです。

一般的なユーチューバーの動画は作品としてのクオリティは高くありません。しかし、それと関係なくファンとのつながりや絆は生まれ、強まります。企業などが作る中途半端にクオリティの高い動画や、制作費をかけた企業チャンネルの動画が数百回〜数千回しか視聴されない一方で、ユーチューバーの作った簡易な動画がコンスタントに数十万回〜数百万回再生されるケースはよくあります。

テレビがネットに負けた要因

ここまでいくつかユーチューバー人気の背景を述べましたが、それら以上に強い影響を与えたのは、人々の「テレビ離れ」でしょう。従来型の強大なメディアであったテレビが力を失い、相対的にYouTubeなどのネット動画の価値が上がったのです。

今のようなデジタル社会が到来する前は、テレビが最大の娯楽でした。リビングにテレビが置かれ、家族が集まって見るのが普通の家庭でした。ところが今は、家の各部屋にパソコンやスマホがあり、家族それぞれが好きなものを見ています。マーケティング戦略においても、それぞれのスクリーンで伝えるべき内容やタイミングを組み合わせなければ広告効果が上がらないのです。ただし、メディアが増えても視聴者の時間は1日24時間と限られています。時間をコンテンツが奪い合っているのです。

現在は徐々にテレビの視聴時間も視聴率も下降し、広告媒体としてのテレビの力は弱まったため、テレビ広告の価格も下がっています。逆に広告主は、テレビ以外にも広告の選択肢が増えるので、相対的にテレビへの広告費の配分を減らします。テレビ局の収入は減少するので番組制作費も削る必要があります。

このようにしてテレビ局の立場が弱くなると、スポンサーである広告主の顔色を窺うようになります。問題が起きてスポンサーが降板する事態を避けるため、上層部や営業担当は気を使い、自由な番組制作を制限します。クレームになれば、あっという間にネットで拡散してしまうので、物を壊すなどの危険なシーンや、少しでも叩かれそうな内容はカットです。こうして、評判になるような面白い番組は生まれにくくなります。

振り返ればテレビが影響力をもっていた古き良き時代のヒット番組には、公序良俗に少々反する内容もありました。それが面白さにつながる面もあったのです。それでも当時は、クレームの手段が少なかったこともあり、あまり表立った問題にはなりませんでした。時が経って今、変化する環境の中でテレビは苦しみ、悪循環にはまっています。それを横目にYouTubeが、少しずつ確実に視聴者を奪っている状況です。

こうなると、何が起きるのでしょう。

テレビ番組は、よく見る視聴者が好む内容に近づいていくのです。視聴率を獲るためです。今の時代にテレビを好むのは、テレビを見て育った年代である、F3層（50歳以上の女性）や、M3層（50歳以上の男性）です。彼らの好みに近づけると、旅、グルメ、健康などをテーマにした番組が増えていきます。これらは10代～20代の好みに合いません。その結果、若者層はさらにテレビを見なくなります。新たな層を獲得できなければ視聴者ボリュームは減る一方です。

このようにして徐々に、テレビ離れが進みます。テレビを離れた若者たちは、YouTubeなどネットへ流れていくのです。

パティシエとユーチューバー　どちらがハイリスクか

このような状況の下、小学生がユーチューバーに憧れるという現象が生まれています。なぜ小学生はユーチューバーになりたいのでしょうか？　その魅力は何でしょう。いくつか、思い浮かびます。まずテレビ以上に面白く、時に奇想天外な番組を作れる人がユーチューバーです。成功すれば高収入を得られる職業です。また自分の好きなことを追いかけられる職業でもあります。

いろいろな魅力があるにもかかわらず、「小学生が就きたい職業」の上位に入ることに対して世の中から、特に高年齢層の人々から違和感を持たれているようです。そこには今の小学生と、親世代を含めた高年齢層を隔てるギャップがあります。

ちなみに、先ほどの小学生対象の「将来就きたい職業ランキング」調査の際には、保護者に対しても「子供に就かせたい職業」を聞いています。保護者が望む職業は、１位が専門資格や高い技術を必要とする「専門職」、２位が「大企業の社員」、３位が「教師・公務員」です。安定した人生を送れる職業を望む保守的な姿勢が窺えます。子供が希望する職業の傾向とはかなり違います。職業を考えるうえで高年齢層は安定を重視し、小学生は重視していないかのように見えます。

就きたい職業の2位が「ユーチューバー」であることが報道されるのも、不安定な職業を目指す小学生に対して高年齢層が意外性を感じるからだとも考えられます。しかしながら「ユーチューバー」と、例えば「パティシエ」において、職業としての安定性に大きな違いはあるのでしょうか。有名な人気店に勤め続けられるのでない限り、パティシエも安定した職業とは言えないでしょう。それにも関わらずユーチューバーだけが注目されるのは、高年齢層の心の中に「ユーチューバーを仕事にして、生きていくこと」を善しとしない気持ちがあるためだと考えられます。

その気持ちは、**ユーチューバーを生業とすることに対する「リスク」**ではないかと、私は推察します。リスクへの認識の違いが高年齢層と、「ユーチューバーになりたい」と表明する小学生との間にギャップをもたらしていると思うのです。

大人がリスクを感じる18のリスト

前項と第4章「高価なのにお得に感じる謎」の項で触れた「**リスク**」は、行動経済学における重要テーマの一つです。今まで、様々な研究が行われています。この分野で特に有名なオレゴン大学のポール・スロヴィックは「実際以上にリスクを過大に評価してしまう要素」[※20]をリスト化しています。

- 信用：関係している機関が信用できないと高リスクに感じる
- 馴染み：よく知らないリスクは高く感じる
- 理解：仕組みがよくわからないと危険意識が高まる
- 子供が関係：子供が関わっているとより深刻になる
- 出所：人工的なリスクは、自然のリスクよりリスクが大きい
- メディア：メディアで多く取り上げられると、余計に心配になる
- 犠牲者の身元：抽象的でなく身元のわかる犠牲者だと危険意識が高まる

- 大惨事の可能性：１度に多数の犠牲者が出る
- 事故の歴史：過去に良くない出来事があると、危険意識が高まる
- 個人による制御：被害が自分で制御できるレベルを越えたと思うと高リスクに感じる
- 公平さ：一方に利益、他方に危険がある場合、高リスクに感じる
- 自発性：リスクに関わらないことにすると、よけい恐怖を感じる
- 利益：対象がもたらす利益が明確でないと、明確な場合より高リスク
- 復元性：うまく行かなかったときに、結果を元に戻せないとリスクが高い
- 未来の世代：未来の世代に脅威となる場合、余計に心配する
- 極度の恐怖：結果が恐怖心を引き起こす場合、危険意識が高まる
- 個人的なリスク：自分自身を危うくするものは高リスクに感じる
- タイミング：差し迫った脅威ほど大きく感じる

これらの中で、高年齢層のリスク認知に関わりそうな要素として、以下が挙げられます。

- 信用→YouTubeや親会社のサービスであるGoogleの内情がわからず、信じられないので高リスク

・馴染み↓ユーチューバーで失敗する先例を知らないので高リスク
・理解↓ユーチューバーの収入の仕組みもわからないので高リスク
・子供が関係↓まさに子供の話なので深刻になる
・出所↓人工的な仕組みなのでリスクが大きい

これらの項目を並べると確かに、小学生が「ユーチューブにコンテンツをアップして稼ぐ」ことに、親世代を含む高年齢層が高いリスクを感じることも理解できます。同時に小学生が「デザート作りの職人さんになる」ことに対して高年齢層はさほどリスクを感じないだろうとも想像できます。パティシエに関して詳しくないとしても、デザートやケーキなどを買い、食べることは日常的であり、それらを作る仕事についても理解できるからです。

親世代にとってユーチューバーは、単に縁遠いだけでなく、よくわからない職業なのです。逆に、デジタルネイティブの小学生にとっては身近な職業です。親しみを感じる存在なので、リスクをあまり感じないと考えられます。

従って当面は、世代間のギャップは埋まらないでしょう。

人は未知のものが怖い

今のところユーチューバーは、特に高年齢層にとって未知のものです。YouTube自体の日本における歴史もまだ短いのですから、この未知性がリスク認識を高めていると考えられます。ユーチューバーが浸透して、未知の職業でなくなれば、高年齢層の意識も変わる可能性があります。ましてや今後、より高レベルのインフラが低コストになると予測されています。それとともにYouTubeが人々に馴染み深いものになれば、ユーチューバーも、さらに一般的な職業になるかもしれません。

ここまでは職業としてのユーチューバーについて、行動経済学の視点を交えて考えてきました。

「将来就きたい職業ランキング」でユーチューバーが上位にくる理由は、世代間のリスク感ギャップによるものと言えそうです。ただし、これは本質的な問題ではないかもしれません。

改めて考えると真の問題は、その他の様々な職業が子供たちの目に、魅力的に見えていないことではないでしょうか。

たくさんの魅力的な職業があることを、大人たちが身をもって教えることこそが、実は重要だと思います。

近い将来、大人になっていく今の子供たちに、豊かな選択肢を用意する努力をするべきではないでしょうか。

多様化する働き方の一つ、フリーランサー

特定の企業・団体等に専従せずに働く「フリーランサー」という存在が、広く知られるようになりました。内閣官房が発表した２０２０年の調査に基づく日本のフリーランス人口は４６２万人です。[※21]これは自身で事業等を営み、従業員の雇用や実店舗の無い者（農林漁業従事者は含まず、法人経営者を含む）を指す数字で、就業者人口６６７６万人の約７％です。

クラウドソーシング（ネット上で企業が不特定多数に業務を発注する新しい業務形態）の運営会社「ランサーズ」も同様の調査をしています。こちらはフリーランサーを、より広く「１年以内に業務委託を受けたことのある単発業務の経験者」と定義しているため、２０２１年10月時点で１５７７万人と大きくなっています。[※22]ただしこの時期にはCOVID-19拡大の影響により、フリーランサーが増えていました。２０１６年から２０２０年までの5年は１０９０万人、１１４８万人、１１５１万人、１１１８万人、１０６２万人と右肩上がりの拡大ではありません。

巷では人手不足と言われ、働き方も多様化しています。入力などの作業を行う個人と企業をマッチングするサービスや、専門的な助言が可能なビジネスマンを企業とつなげるサービスなど、新たな人材紹介サービスも多数登場しました。また、企業が副業を認める動きも活発化しています。中にはフリーランスに転進した社員に業務を委託する企業もあり、自由な働き方ができる環境が整いつつあります。それにもかかわらず、フリーランサー人口は必ずしも伸びていないようです。

昨今では個人の働き方が多様化しています。一方、健康寿命も伸びているため一生の中で働く期間は長くなっています。では、企業側の寿命はどうでしょう。日本の会社においては『日経ビジネス』が１９８３年に主張した「会社寿命は30年」という説が広く知られています。東京商工リサーチの調査では２０２２年に倒産した企業の平均寿命は23・3歳だそうです。

現在の企業においては短命化の傾向があります。特に米国では、１９５５年における企業の平均寿命が75年だったものが、２０１５年には15年まで一気に短くなりました。テクノロジーの進化やユーザーニーズの多様化など、ビジネス環境が急激に変化していることが原因と考えられます。日本でも状況は同じであり、今後の日本においても企業の寿命は短くなることでしょう。

並行して雇用関係にも変化が起きています。日本経済団体連合会（経団連）の中西宏明会長は「終身雇用は制度疲労を起こし限界が来ている」と主張します。トヨタ自動車の豊田章男社長は会見で「終身雇用を守っていくのは難しい」と述べました。会社が社員を守ることはできないという、日本の代表的な企業による宣言です。末永く会社が社員を守り、社員が会社に忠誠を尽くすといった関係は、遥か遠い昔話になってしまったようです。

こういった状況下で注目されたのが、ロンドンビジネススクールのリンダ・グラットンとアンドリュー・スコットによる著書『LIFE SHIFT １００年時代の人生戦略』※23です。ここには、未来の生き方と働き方のヒントが書かれています。例えばこれから長寿化の進行によって、人が１００年以上生きる時代が来ます。すると「教育→仕事→引退」という画一的な人生を送ることは難しくなります。多くの人が、今までとは違った形で人生の節目と転機を迎える「マルチステージ」の人生を生きることになるのです。

同書では、現在は60歳くらいの定年引退後に続く長い時間のために、資金だけでなく健康、人間関係などを育む必要があると説いています。しかし、そこに既存のロールモデルや定型的なパターンはありません。生涯を通じて変身や実験を行い続けることになります。逆にそれが、これからのスタンダードな生き方になるのです。

今よりも状況が悪くなることを恐れる心

本来フリーランサーになるにはどのような心構えが必要なのでしょう。

そもそも会社が頼りにならなくなり、自身の寿命も延びる将来、会社に寄りかからずに生きるフリーランサーは増えてしかるべきでしょう。にもかかわらず、フリーランサーが増えない理由がいくつかあります。

まず、収入が不安定であることです。労災保険や雇用保険の対象外であるなど労働環境の整備不足や、優位な立場にある雇用側との関係で、公正な収入を得られないケースもあるようです。さらに、正社員に比べて信用力が低く見られて金融機関から融資がうけにくいといった状況もあります。ただし、それらだけではないようにも思います。実際、フリーランサーが増えない理由は何でしょう。また本来フリーランサーになるべき人とは、どんな人なのでしょう。

そのことに触れる前提として、年代によって変わる「会社への意識」を整理する必要があります。例えば「さとり世代（ゆとり世代）」など、比較的若い20代～30代は、会社に頼る意識が元から薄いと言われます。大企業に勤めても一生安泰などありえない、と考えているようです。そして、コストを切り詰めた生活をします。がむしゃらに働いて稼ぐよりも、淡々と自分の価値観やライフスタイルに沿って生きることを選びます。会社に頼れない以上、自立することはやむなしと考え、視野に入れています。

ところが実際は、20代～30代は少子化で人数が少ないため、企業側にとっては最も採用したい層です。昨今言われる「人手不足」は、実は「若年層の人手不足」だと言われています。彼らを獲得し引き留めるために、企業は年功賃金を見直し、大卒初任給や若年世代の給与を上げています。

そして「団塊ジュニア」や「就職氷河期世代」など40代～50代は、しわ寄せを食っています。彼らはライフステージ上、子育てや教育などでお金がかかる年齢であり、介護保険で負担が増えるタイミングとも重なります。この世代は、必要な時期に賃金が伸び悩み、この先も上向く見込みは薄いでしょう。つまり、会社にいてもあまり良いことがないのです。ですが若い層とは違い、会社に期待し依存する傾向があります。ゆえに、変化を恐れ保守的になりがちです。また目の前のことだけでなく、長期のリスクを考えなければなりません。

100歳まで生きても大丈夫な生活費と医療費と遊興費を既に確保している人や、定年まで勤めさえすればその状況になる人は良いでしょう。そうでない人は誰もが、何らかの形で自立する必要があります。自分が会社に頼って生きられる期間の短さを認識して、その後の人生に必要な長期計画を早く準備し始めることが必要なのです。

何よりも初めに必要なのは自分が、会社に「頼って」生きているということの自覚です。頼らずに生きる意識へと自分自身を変える必要があります。

具体的な準備作業としては、自分が身につけたスキルや経験の棚卸しをして、これからに活かすべきものや捨てるものを整理する必要があるでしょう。その際に、今の会社だから上手くいったことや評価されたことは、別の場所では使えない可能性があるので注意すべきです。特に、順調に上がっていった給料の記憶など、過去の思い出はリセットする必要があります。そうして生身の自分自身の価値で評価を受けるのです。

もしかすると中には、過去が忘れられない、自分の生き方を変えたくないという人もいるかもしれません。変化を拒む気持ちが芽生えたら、それは「**現状維持バイアス**」によるものです。これは、現状を改善するための行動を取らずに、変化を恐れて未知の体験を拒んでいるのです。

まさに不合理な状態です。

もしそこから一歩進んで、現状を変える気持ちが生まれたとしましょう。例えば、フリーランサーとして新たな挑戦を行う覚悟ができたとします。将来を予測し、自分の未来を描き始めます。もちろん、不安はあるでしょう。例えば、お金も心配です。フリーランサーが感じる大きな不安の一つは経済的要素ですから、周到な準備と意思の力で不安を打ち消す必要があります。

人は集団に所属することを好む

仮に不安が解消の方向に進んだとしても、また別の難しい不安要素もあります。自分でも自覚しない「無意識の不安」です。それは「集団に帰属することによる安心感」を得られなくなることです。

フリーランスになれば基本的には、慣れ親しんだ人々がいる会社を離れることになります。それでも会社には、多くの人が居続けます。この会社という集団を離れることに対して人は、強い不安を感じるのです。

人は集団を好む生き物です。群れる本能があり、周りに合わせて生きています。**集団と同じ行動を取ることで安心を得ますし、離れることに不安を感じます。**このような心理によって起きる行動を「**ハーディング効果**」と呼びます。第4章で解説した「同調効果」と近いものです。

米国の心理学者ソロモン・アッシュは、この影響力を実証する実験を行いました。調査対象

アッシュの同調実験

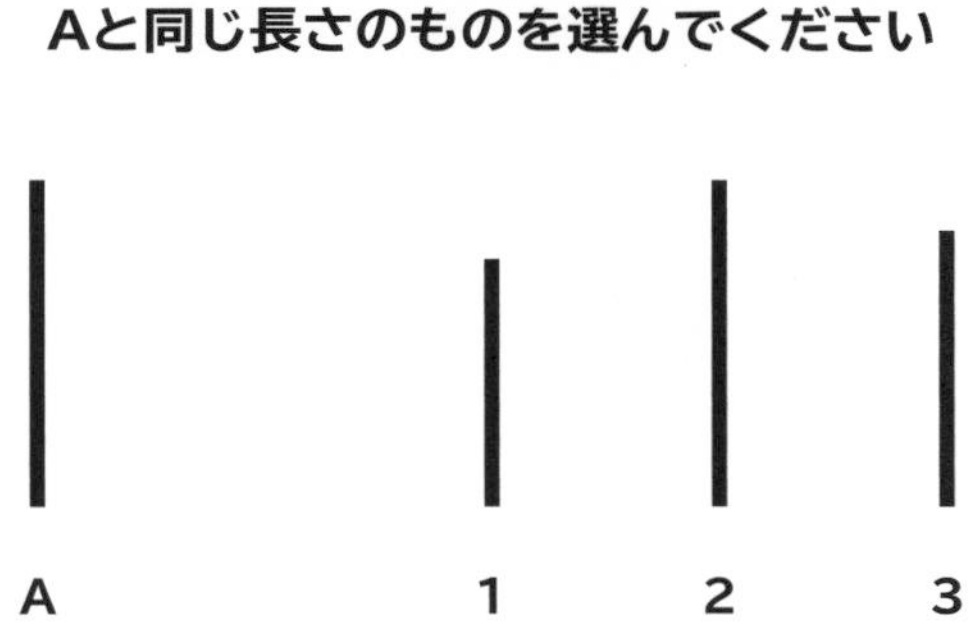
Aと同じ長さのものを選んでください
A
1
2
3

者が、カードに描かれた線の長さを当てるという方法です。

示された見本の線と同じ長さの線を別の三つから選びます。しかし三つの長さはハッキリと違っているので、通常は間違いようがありません（上の図）。[※24]

対象者が回答する前に、数人がそれらの線を見て回答していきます。途中でサクラを入れます。

サクラは明らかに間違えた回答をして、対象者はそれを見ています。サクラを入れていない状態では99％が正解しましたが、複数のサクラがわざと間違った選択肢を選ぶと、一気に正答率が下がります。このクイズを12回やると、75％が1回以上間違った選択肢を選ぶ結果になりました。正解が簡単にわかるクイズが出されても、人は周りに同調して間違った選択肢を選んでしまうのです。

この実験から、人は強制されない状態であっても、勝手に同調の圧力を感じて、自ら周囲に合わせてしまうことがわかります。集団の中にいて、周囲に合わせながら行動するのは楽で安心です。集団から離れると、逆に不安を感じるのです。

この心理には「**内集団バイアス**」が影響しています。自己が所属する集団を「内集団」と呼び、それ以外を「外集団」と呼びます。内集団バイアスは、**内集団の者に対して外集団の者より良い感情を抱き、それによって行動する**というものです。

一方で、外集団には良くない評価を下します。内集団を離れて外集団に移るということは、今までとは180度違う評価を受け、まったく逆の仕打ちを受けることを意味します。人は、これに対して抵抗を感じてしまうのです。

ブリストル大学のヘンリー・タジフェルらがこのような反応を実証する実験を行いました。「最小条件集団実験」[※25]と呼ばれるものです。

まず、実験対象の生徒たちにたくさんの点が描いてあるスライドを瞬間的に見せて、点の数を数えさせるという認知実験を行いました。その後、点の数を多めに数えたグループと少なめに数えたグループの二つに分けると話します。そして、自分と同じグループ（内集団）ともう一方のグループ（外集団）にお金で賞罰を与えると説明しました。この時、生徒たちにはシートを見せて、数字を選ばせました。このシートは野球のスコアボードのようになっており、内集団に与える数字が1ならば外集団には14、内集団が2ならば外集団は13といった具合に、増減が逆の数字を1から14まで記載しました。内集団が14の時には外集団は1となります。これが賞罰の基準です。公平な判断をするならば、共に7・5となる判断をするのが自然です。

実はこの実験には秘密があります。最初に生徒たちに伝えたグループ分けですが、本当は特に条件を設けず、ランダムに分けたのです。結果としては、生徒たちシートの右側寄り、つまり内集団の数字が高く、外集団の数字が低いほうを選びました。内集団メンバーの数字は平均すると9・2です。

これは内集団のメンバーというだけで「贔屓した」ということになります。つまり、「内集団バイアスが働いた」ということです。人は集団に属したと認識すると自動的に、内集団に仲間意識を持ち、贔屓し外集団を差別するのです。内集団から出ていく人に対しても、もちろん同様に差別的な意識を持ってしまいます。

この内集団バイアスは、会社を辞めてフリーランサーになることへの不安にもつながります。この心理によって無意識に、会社を辞めることへの抵抗感を抱いてしまうかもしれません。しかも、このような心理的不安は顕在化しにくい点が問題です。**会社を離れることが不安なだけなのに、無意識のうちに自分が辞める必要がない理由を探すかもしれません。これは辞めなくて良い理由を探して、辞めない自分を安心させようとする無意識の反応**です。

このように考えていくと、フリーランサーが増えない状況には経済的不安だけでなく、無意識の不安が影響している可能性があります。

ブラック企業をやめられない心理

前項のような集団と個人の関係については、昔から様々な研究が行われてきました。そこでの発見の一つに、**人間は「不自由な状態をあえて選ぶ」という考え方があります。人の心には「自由から逃げる」かのように、自ら進んで組織に縛られたいと望む心理がある**のです。

これについては、著名な心理学者エーリッヒ・フロムの名著『自由からの逃走』[※26]に詳しく述べられています。同書に書かれた人間心理の姿を、ごく簡単にかいつまむと以下のようになります。

人々は束縛からの解放を求めてきました。ヨーロッパでは、戦いによって中世の束縛から解放されて自由を獲得します。ところがその結果、生き生きと自由を謳歌する状態にはなりませんでした。むしろ過去に頼りにしていた権威を失って、人々は孤独感や虚無感を感じるようになってしまいます。そして、落ち着かない気持ちを解消するために、よりどころを求めるようになります。するとそこへ、心の隙間を狙って様々な権威が現れます。人々は渡りに船とばかりにその権威を信じ、頼るようになってしまうのです。

フロムはユダヤ系ドイツ人です。ドイツ国内で研究活動を行っていましたが、ナチスが政権を握る第二次世界大戦直前に、ドイツを出てアメリカへ移住しました。

同書における「権威」として、ナチズムが詳しく分析されています。フロムは短期間にナチスが勃興し、ドイツ社会に受け入れられるまでを目の当たりにしました。ドイツ国民が自由を捨てて、熱狂的に独裁者ヒトラーやナチスを支えるようになるまでを、自分の目と耳で見聞きしたのです。その経験を基に、人が自由から逃走するメカニズムを解き明かしています。

ただ、不自由な環境や状態を進んで受け入れる心理は、当時のドイツ国民だけのものではありません。例えば「なぜ、あんなにひどい会社にいつまでもいるのだろう」と思ってしまうような例は、今の日本でも実在します。もしかしたら人の心に、自由から逃げる心理があるからこそ、こういった不合理な選択をしてしまうのかもしれません。従ってフロムの分析を、何十年も昔に遠い国で起きた他人事としてとらえるべきではありません。誰もが常に、自由から逃げてはいまいか、自分に問いかけることに意味があると思います。

フリーランスの話から若干離れましたが根本は一つです。時に人は不合理な心理に縛られて、合理的で自由な選択ができなくなるものなのです。気づけば何かの権威の下で、ぬるま湯につかったように時間を過ごしていると気づくことは誰にもあります。それは自分でも意識しない本能的な選択かもしれません。不合理であっても人は群れてしまうのです。仮にその集団にいることが明らかに不合理だとわかっていても、そこから離れることは難しいのです。人間の本能に近い「集団に属する」ことに関しては、非常に複雑な心理が隠されていることを認識する必要があります。

フリーランサーになり、組織に所属せず一人で働くことは、集団という支えを失うことです。しかし、人生１００年時代を目前とした今、その決断をしなければならない人は多いはずです。むしろこれからの時代、おそらく誰一人として、一つの組織に永遠に所属し続けることはできないかもしれません。組織は変わり、なくなり、それでも人は生き続けるのです。

改めて思えば、自由と孤独は一対なのかもしれません。そのことを認識することも大切でしょう。フリーランサーという選択をするにあたって、収入を確保するという対処が必要なだけではなく、孤独にならないよう仲間を確保するという対処が必要なことも覚えておくべきです。将来に向けて今日からでも、まずは自分の心の中にある不安を正面から見つめるという準備から始めてみてはいかがでしょう。

広告は人を欺くか

サブリミナル効果という言葉があります。視覚、聴覚、触覚への刺激が、非常に短いなどの理由で明確に認識されないものの、潜在意識への刺激となって表れる効果です。映像の場合、「混じっている事自体にも気づかないほど一瞬」の情報だと、意識的には感知できません。しかし、脳はその画像を視覚情報として認識しているため、無意識にその情報が刷り込まれます。

１９５０年代に米国でサブリミナル効果を狙い、メッセージが写ったコマを映画フィルムに挿入したとして話題になったことがあります。その後、サブリミナル効果について、様々な調査研究が行われました。現時点では限定された状況の下では効果があると結論づけられています。

１９７３年にアメリカとカナダで、ゲームの広告にサブリミナルが使われました。これをきっかけに議論が起こり、サブリミナル広告は、「公の利益に反する」「人を欺こうとしている」として禁止されました。日本でも、１９９５年には日本放送協会（ＮＨＫ）が、１９９９年には日本民間放送連盟が、番組放送でのサブリミナル的な表現を禁止しています。

それにしても、このサブリミナル広告が話題になってから１９９９年の規制まで、かなりの時間がかかりました。それまでの間は禁止されていなかったため、広告などで密かに使われてもおかしくありません。しかしながら長く広告業界にいた私も、そのような話は聞いたことはないのです。推察ですが当時、広告会社や制作会社、広告主などの間では、サブリミナル広告のような、道義に反する施策は止めようという共通認識があったのではないでしょうか。

この方法を利用すれば商品が売れて、利益を上げられるかもしれません。しかし、それでは儲けるために、消費者が知ることができない方法で消費者の意思を操作することになります。この洗脳のような悪質な行為はすべきでない、という暗黙の了解があったと思います。

もちろん、発覚した際のリスクを考えたためという側面もあるかもしれません。だとしても、発覚するリスクを回避する可能性の検証すら行われませんでした。

これはやはり広告に関わる人々の中に、モラルがあったゆえであろうと私は考えます。

人を操るプラットフォーム企業

現代ではGAFA（Google・Apple・Facebook・Amazon）と呼ばれる4社が強大な力を持つようになりました。4社は世界規模で検索エンジンやオンライン広告、スマートフォンとそのOSやアプリ、パソコンやタブレット、クラウドサービス、SNS、通販サイトなどの開発や販売提供を行っています。そして、これらの分野で独占的な地位を築きました。

4社は「プラットフォーム企業」と呼ばれます。商品やサービス、情報を提供するための基盤を提供する企業です。世界中の企業や人々が、4社のサービスを利用しています。同時に4社は人々の、氏名や住所、「何を購入したか」「何に興味を持っているか」などの個人データを収集しています。この個人的な情報は、文字はもちろん、音声や写真、動画をはじめ、利用状況や通信記録など、様々な情報を含む大容量のビッグデータです。プラットフォーム企業は、これを蓄積・分析して企業活動に活用しています。ビッグデータを独占し、利益を生み出しているのです。

このような、データを競争力の源泉とする新たな経済が「データエコノミー」です。現在は、人工知能（ＡＩ）やビッグデータ解析の技術も進み、生活や企業活動などにおける、あらゆるデータが活用されています。電子情報技術産業協会によれば、２０３０年にはあらゆるものがネットにつながるＩｏＴ関連市場が拡大し、世界で４０４兆円と２０１６年と比較すると2倍に膨らむと予想されています。

広告の世界においても、データによる取引が進んでいます。特に２００８年のリーマンショック時に、金融業界からネット広告業界に大量に人材が移ったことが大きく影響しています。数理統計などに強い大量の人材が、金融業界で使われていた技術やシステムを広告業界に持ち込んだのです。

これにより，例えば株式市場で使われていたオークションシステムが、ネット広告の取引に用いられるようになりました。今やネット広告は、広告主や広告サイトやＳＮＳなど関連企業の間で、瞬時に値段が決められ、取引されています。さらにビッグデータとセットになって、販売効果を上げるよう運用されます。効果に比例してネット広告は高額で取引されるようになり、その市場を膨らませました。

プラットフォーム企業もそこに加わり、仕組みを支えています。消費者が情報に接触し、商品の購買と利用をする間に発生する、様々な行動のデータを蓄積するのです。そしてそれらを、商品やサービスの販売に利用して利益を出します。**消費者は、知らないうちに過去の行動を把握され、ニーズを先読みされ、レコメンド情報を送られ、それに従って購入するといったサイクルを繰り返すことになります。**このサイクルを支えているのは、データ化されたネット上の行動です。

あまりに短期間でデジタル化が進展したこともあり、多くの人々は状況を理解できませんでした。自分のどんなデータが集められ、使われているのかピンと来なかったのです。実は、想像もしていないところまで情報の網目は張り巡らされています。

買い物のデータだけではありません。深夜にパソコンで恥ずかしい動画を見ていることも、既婚なのに相手を探していることも、人には読まれたくない秘密のメール内容も、すべて知られているのです。あらゆる個人データが分析され、人物像や生活パターンから、次の購買行動まで細かく推定されています。

「そういえば、検索やＥＣサイトでのチェックをしただけで、なぜ調べた商品が繰り返し表示されるのだろう」と疑問を感じたことがある人は多いことでしょう。

しかし、目に見えるのはほんの一部です。個人データを活用しながら、様々な方法で企業が利益を上げることは技術的に可能なのです。

こうした個人のデータ使用の裏側が知られれば炎上するため、この仕組みに関与する企業は、目立たない形で、販売促進やマーケティングなどに活用しました。つまり企業の利益追求のために「消費者が知ることができない方法で、その意思を操作する行為」が堂々と行われてきたわけです。

消費者もこれを止められません。プラットフォームを使った検索や購買や情報の受発信は習慣的な行動になっています。個人データを提供したくないからサービスを使わないというわけにもいきません。既にプラットフォームを使わなければ、生活や仕事が成り立たない状況なので、選択の余地はないのです。

また自分の個人データの価値やそれが使われるリスクもあまり理解されていません。サービスの利用条件が難解で長文なため、読んでいない人も多いのではないでしょうか。たとえ読んだところで、既にインフラ化しているプラットフォームなので、利用条件に納得できないから使わないという選択は難しいでしょう。

不公平に慣れた人は疑わなくなる

前項のような状況が続いてきましたが、その後、プライバシーの侵害を世界各国が問題視するようになりました。ユーザーがホームページを訪問した際に、その行動情報をブラウザへ一次的に保存するCookie（クッキー）という仕組みを用いて得た情報の取扱いに関する規制は強化されています。フランス政府のデータ保護当局はCookieを「閲覧者に利用を拒否されにくいようその手続を煩雑にしている」ものとし、実際に、Googleに1億5000万ユーロ、Facebookに6000万ユーロ、日本円にして計約270億円の制裁金を科しました。日本でも2022年4月に改正個人情報保護法が施行され、Cookieなどの個人関連情報を第三者に提供し、個人情報を紐づけを行う場合に本人の同意が必要になっています。

さらに問題になっているのは、プラットフォーム企業への課税問題です。彼らが提供しているサービスや、彼ら自身の企業価値は、デジタル財やコンテンツなど無形資産です。課税するために価値を評価するのは税務当局にとっての難題です。また無形資産は移転しやすいので、低税率国やタックスヘイブンの関連会社経由で税を逃れやすい点も問題です。プラットフォーム企業の法人拠点となる国と、利益を上げている消費国のどちらにおいても、低い税率かまたは課税されない状況が生まれかねません。

その結果、真面目に納税している企業や国民の負担が増えます。これらは税制の根本に関わる難しい問題ですが、徐々に検討が進んでいます。

こういった官主導の動きがある一方で、一般の人々の間では、この状況を問題視する機運が高まらないようにも思えます。なぜ人々が不満を抱かないのでしょう。プラットフォーム企業に関して、「公正さ」は問題にならないのでしょうか。

その答に近づくヒントが行動経済学の研究成果の中にあります。リチャード・セイラーらが、この「公正さ」に関する実験をいくつか行いました。以下の実験では、人がどのようなケースで不公正さを感じるかを検証しています。

方法は、まず調査対象者を2グループに分けて、それぞれに質問をします。2グループで若干異なる状況下での不公正に関する判断です。以下の（1）（2）、二つの質問に対する回答がパーセンテージで示されます。

（1）自動車の人気モデルが品薄状態で、いま購入しても納車まで2カ月待たねばなりませ

ん。あるディーラーはこのモデルを店頭表示価格で販売していましたが、今は店頭表示価格に200ドル上乗せして売っています

容認できる：29％
不公正である：71％

（2）自動車の人気モデルが品薄状態で、いま購入しても納車まで2カ月待たねばなりません。あるディーラーはこのモデルを店頭表示価格から200ドル値引きして売っていましたが、今は店頭表示価格で売っています

容認できる：58％
不公正である：42％

（1）（2）ともに、品薄状態になる前より購入価格が、200ドル高くなったのですが、不公正の感じ方に差が出ました。初期状態からの値上げした（1）のほうが、不公正な印象を与える結果となりました。

これらの実験からセイラーは、**公正感は「保有効果」と関わりがあると分析**しています。**人は慣れ親しんだ状態を当然と考えて、その条件が悪化すると不公正感を感じる**という解釈です。

プラットフォーム企業の公正さについて、この考え方をあてはめて考えます。個人データを使われることを不公正に感じないのは、個人データを自分の保有物と感じていないためかもしれません。ものでなく情報なので、プラットフォーム企業に渡しても自分の手元から何か失うわけではありません。ゆえに、損失回避の心理が働かず不公正感も感じていない可能性があります。

また、プラットフォーム企業の法人税逃れの不公正を追求しないのも、損失回避の心理が働いていないからかもしれません。税金を逃れる企業がいると、充実できたはずの公共サービスの費用が不足し、所得が再分配されず格差が広がります。真面目に納税している人の負担が相対的に高まるのです。こういった構造が自分事でないために、税逃れの無責任さを責めないように思えます。

不公正を罰したい心

とはいえ、今後は多くの人々が個人データや税金に対する実態や事実を知る可能性がありま す。そこで新たな保有効果や損失回避の心理が働くこともありえます。

企業が不公正であることに気づけば、人々は何かしらの対応をすることでしょう。セイラーはそういった「不公正に対する反応」を予測できる実験を行いました。

まず事前調査として、調査対象者に、「20ドル渡すので、このクラスにいる誰か一人と分け合うこと」と告げて、以下の条件で二つの選択肢の一つを選んでもらいます。

分け方（1）18ドルを手元に残して、2ドル渡す

分け方（2）10ドルずつ分け合う

この事前調査は、74％が（2）を選びました。多くの対象者が公正さを重視したという結果です。

その後に、別の調査対象者グループのところで目的の調査を行います。セイラーが「懲罰ゲーム」と名づけた調査です。まず新たな対象者に、事前調査の内容と結果を説明します。その後に「事前調査の回答で2パターンの結果が出ました。どちらかを選んだ人と組んでもらいます」と告げます。以下の組み方のどちらを選ぶかを、調査対象者に質問します。

分け方（1）「自分で18ドル取った人」と、12ドルを半分ずつ分け合う
分け方（2）「公平に10ドルずつ分け合った人」と10ドルを分け合う

この結果は、81%が（2）を選びました。大半の対象者が強欲な相手を選んでお金を分け合うより、自分が1ドル損してでも他人を思いやる相手とお金を分け合うことを選んだわけです。この実験からわかるのは、「人は何かを犠牲にしてでも『不公正な振舞いをする者』を処罰したいと思っている」ということです。

プラットフォーム企業の不公正さに対して、大半の人の心にある「不公正を罰しようという心理」が顕在化した時に何が起きるか正確には予測できません。ただ、もしかしたら自分たちが犠牲を払ってでも、プラットフォーム企業に罰を与える行動を起こす可能性は十分あります。

モラルを保つことは利益につながる

プラットフォーム企業の不公正が露呈した事例として、就職情報サイト「リクナビ」を運営するリクルートキャリアによる個人データ販売があります。リクルートキャリアは就職業界のプラットフォーム企業でしたが、就活学生の内定辞退率予測データを企業に販売したことで行政指導を受けました。

この個人データは、企業が学生に対する影響力を利用して集めたものです。学生にとって就職サイトを使わないという選択が難しい以上、これは半強制です。手に入れた情報は自由に使えると勘違いしたわけですから、この事件の根本にはプラットフォーム企業ゆえのモラル不足があったと考えられます。

このように企業が集団でモラルを失うことに関しては、いくつかの原因が考えられます。一つは「**グループシンク**」の影響です。これは米国の社会心理学者アーヴィング・ジャニスが提唱した概念で、日本語では「**集団思考**」「**集団浅慮**」などと呼ばれます。**集団で議論した結果、**

不合理で危険な決定が下される意思決定パターンです。これによって、リスクの検討、目標の精査、情報の探索、非常事態への対処などが十分に行われなくなるのです。過去の事例でいうと、東日本大震災に伴う福島原発事故を防げなかった東京電力の意思決定も、このグループシンクの影響と言われています。

プラットフォーム企業の問題においても、グループシンクが影響している可能性があります。個人データの活用や納税に関してモラルをもった人がいても、集団で議論する中で意思決定の中心から外れているのかもしれません。

その他に、社会全体における「テクノロジーはすべて善である」という風潮も、プラットフォーム企業の暴走を止められない一つの原因となりえます。

確かにテクノロジーは世の中を便利にしてきました。その反面、これがプライバシーやセキュリティーの問題を引き起こしています。サイバーテロなど新たな危険も身近になりつつあります。こういったテクノロジーのネガティブな側面が、広く知られつつあります。

これと並行して今では、テクノロジーの開発や活用も含めた企業の活動をチェックする動きも活発になってきました。例えば「ＥＬＳＩ（Ethical, Legal and Social Issues）」、即ち、倫理的・法的・社会的な影響や課題への取り組みが重要だという視点でのチェックもあります。今後は企業にも厳しい目が注がれ、「デジタルは善」からの揺り戻しが進んでいく可能性は十分あります。

これらをすべてをふまえ、改めて考えた時に見えてくるのは、やはりモラルを保つことが重要だというシンプルな結論です。これは、「清廉潔白であれ」といった単純な結論ではありません。ブランディングやマーケティングの視点で考えると、モラルを保つことは結果的に、自社にとっての経済的メリットにつながるのです。顧客は自分が損をしてでも、不公正な企業を罰しようとします。少なくとも、不公正な企業とは積極的に取引しないでしょう。

多くの正しい企業は、周囲との良い関係を作る活動を行っています。その一つがブランド作りです。顧客や社会との絆を強めて、長期的に良い評判や好感を獲得するものです。その一環として企業は「ブランドプロミス」という形で、企業から顧客や社会に向けた「約束」を定めます。企業全体や社員の行動規範も示します。

こういった活動を真剣に行う企業は通常、モラルの問題を起こすことはありません。顧客を欺くことにより企業が受けるダメージが大きいことを理解しています。

またマーケティングにおいては、顧客生涯価値（LTV＝Life Time Value）の最大化を目指す動きが活発です。これは、顧客と一時的ではなく継続的な取引を行うことで、長期的に利益を得ようとする発想です。そのためには顧客との長期的な関係を築き、維持・拡大することが必要なのです。

このように、単なる道徳ではなく、利益を得るためのブランディングやマーケティングの視点で企業のモラルを再考することも重要かもしれません。それによって、利益追求とモラル追及を両立させることができるに違いありません。

利益が大きければ人は犯罪に走る

シェアリングエコノミーがかなり普及、定着してきました。これは場所・乗り物・モノ・人・スキル・お金を、インターネット上のプラットフォームを介して個人間でシェア（貸借や売買や提供）する新しい経済の動きです。2008年に始まった、個人が所有する空き部屋などを貸し出す「Airbnb」、自家用車を利用した配車サービス「Uber」などが草分けと言われています。

その他にも、家具、服、自転車、駐車場、会議室、家事スキルなど様々なシェアが登場しました。すべて、インターネットと端末で手軽に利用できます。

シェアリングエコノミー協会の調査によれば、2022年度の国内市場規模は、2兆6158億円であり、2032年度には最大で15兆1165億円まで拡大すると予測しています。

シェアリングエコノミーは過剰な消費や所有をなくし、資源を有効に活用する仕組みです。ゆえに、持続可能な社会の実現に役立ちます。提供者側は遊休資産を価値あるものにできますし、利用者側は低料金でサービスやモノを利用できます。関わる多くの人々にメリットを与えます。従って、今後も引き続き普及、拡大するべきものでしょう。ただし、そこには何か課題はないのでしょうか。

シェアリングエコノミーをスムーズに進めるためのインフラは整いつつあります。テクノロジー面の問題はだいぶ解消されました。ただし人間心理に関わる部分は、まだ課題が残されているように思えます。以下、人間の心理に注目して検討していきます。

シェアは誰かと何かを共有し、分け合うことです。

シェアリングエコノミーの仕組みを利用していくと、どこかで、人とのつながりが生まれます。直接顔を合わせなくても、シェアされるモノやサービスを介在して、使用した痕跡やプロセスは見えるものです。そこにはマナーや気遣いが必要になります。

特に、シェアハウスのような生活の場をシェアするようなケースは、人間関係がシェアの成否を左右します。シェアハウスのトラブルで聞かれるのは、キッチンの共有冷蔵庫に入れておいた自分の食べ物がいつの間にかなくなっていた、といった問題です。

こういったトラブルは、明らかな悪意に基づくものもあれば、さほど悪気のないちょっとした「ズル」のようなものもあります。中には、当人が気づかず起こすものもあるかもしれません。

それら「不正や不正直」の心理を理解し、適正な解決を行うことは重要です。これは一見、些細な問題に見えるかもしれません。しかし、ネガティブな評判のインパクトはあなどれません。キッチン内での小さな出来事が、シェアリングエコノミー全体にまで影響を与えないとも限らないのです。

トラブルの根本にある「不正や不正直」に関しては、様々な研究者が取り組んでいます。ノーベル経済学賞を受賞したシカゴ大学のゲーリー・ベッカーは、「シンプルな合理的犯罪モデル：SMORC（Simple Model of Rational Crime）」という理論を構築しました。これは人間が合理的だという前提に立った行動パターンです。犯罪による「リスク（捕まる確率×捕まった場合の処罰の大きさ）」と、犯罪による「ベネフィット」を天秤にかけ、利益が大きければ人は犯罪に走ると考えます。

例えば「会議に遅れそうな時に駐車場が見つからず違法駐車をする」行動です。そこで、違反切符や反則金という「コスト」と、会議に間に合うという「ベネフィット」を比較検討します。その会議が、反則金以上の利益を得る商談なら違法駐車をするというのが、SMORCの考え方です。善悪の判断を省いて、コストとベネフィットの比較で意思決定をするのです。

人間が合理的であることを前提としたかつての経済学の考え方であれば、人間がこのように意思決定しても不思議ではありません。もしこういった状況になったら、そこでの不正を正す最高の方法は「極限まで罰則を厳しくすること」です。しかし、それは危険かもしれません。

ＳＭＯＲＣとは逆に、人間が不合理であることを前提とした行動経済学の観点に立てば、不正を行う人の思考プロセスや行動パターンは違うものになります。その場合には、不正を正す方法も異なるでしょう。

人はバレなければズルをする

ダン・アリエリーは行動経済学に基づく「不正や不正直」の調査や研究を多数行っています。実験のひとつに以下のようなものがあります。

実験参加者を2グループに分けて、計算の課題をやってもらいます。例えば5・28のように、整数一桁と小数点以下2桁で表わされる小数が12個並べてあります。その中から一組「3・67＋6・33」のような、足して10になるペアを見つける課題です。5分で20問解き、正答1問につき50セントもらえます。

二つのグループは、この後の条件が違います。

第1グループ：制限時間5分が来たら実験者に解答を渡します。実験者は解答をチェックして正答1問につき50セントの報酬を渡す

第2グループ：5分経って実験が終了したら正答数を自分で数えます。解答用紙はシュレッダーで処分し、正答数を実験者に自己申告して報酬をもらう

その結果、第1グループでは平均正答数が20問中4問、第2グループは6問でした。第1グループにおける正解は、普通に努力した結果です。第2グループも課題を解くための計算力が同じだとすると、平均してプラス2問の過大申告をしたと考えられます（ちなみに得点を大幅に過大申告した人はごく少数で、多くの人が少しずつ多く申告するという結果でした）。

ここで注目すべきなのは、「ごまかし」の数がそれほど大きくないことです。シュレッダーで証拠隠滅をするのですから、いくらでも正答数をごまかして報酬を増やすことが可能です。それにもかかわらず、正解した4問にたった2問加えただけという結果でした。

アリエリーはこの実験を、条件を変えながら複数回行っています。前記では1問正解でもらえる報酬は50セントでした。これを25セント、1ドル、2ドル、5ドル、10ドルと様々なパターンで行ったのです。

その結果は、報酬の金額に関わらず自分の正解数に平均2問上乗せするという結果でした。しかも、正解1問につき報酬10ドルという好条件の時であっても上乗せは増えず、逆に若干少なかったのです。

この実験からは、正解数を一つ増やすだけで、手に入れるお金が明らかに増える条件であっても、不正に対して積極的になる人は少ないという傾向が明らかになりました。

前述のＳＭＯＲＣによれば、人は犯罪のリスクとベネフィットを天秤にかけて行動するということでした。それが正しいのであれば、今回のように発覚するリスクが少なければ、積極的に不正を行うことになります。しかし実際は、そう単純ではありませんでした。

アリエリーの分析によると**人の心には、自分が正直で立派だと思いたい心理と、ごまかして利益を得たい心理の二つが併存するということです。そして少しだけ「ズル」をする程度であれば、自分を正当化して自尊心を失わずにいられるというのです。この心理を、アリエリーは「つじつま合わせ」と呼んでいます。**

アリエリーは別の実験で、どんな気分の時に「ごまかし」が起きやすいかについても調べています。

コーヒーショップでランダムに対象者を探して行った実験です。俳優を本職とする実験者が、協力してくれる対象者を見つけて、文字がランダムに並んだ問題用紙を10枚渡します。同じ文字が連続した箇所をなるべく多く探し、鉛筆で囲むという課題です。課題が終わると実験者が用紙を集めてお金を渡し「報酬の５ドルです。確認したら領収書にサインして置いておいてください」と言って去ります。ただし、渡す金額は５ドルではなく９ドルなのです。

ここでは実験者が実験開始時に２パターンの行動を取ります。第１パターンは前記のとおりですが、第2パターンは初めの課題説明の最中に対象者を不快にさせる演技を行います。携帯電話に電話がかかってきたふりをして、対象者を無視したまま大声でプライベートな話をするのです。この12秒程度の芝居の後は、何もなかったように課題を説明し、第1グループと同じ手順を進めます。

この調査の狙いは、「苛立ち」を感じない第1グループと「苛立ち」を感じる第2グループで、間違えた分のお金を正直に返すかどうかを比較することです。

割合を比較した結果、第1グループで返金したのは45％で、「苛立ち」を感じた第2グループでは14％となり、大きな差が出ました。

この実験を通じてアリエリーは、一度「苛立ち」を感じると人は、自分の反道徳的行動を正当化し、実際に行ってしまうと結論づけています。

目の写真が不正を抑止する

ニューカッスル大学のメリッサ・ベイトソンらによる実験を紹介しましょう。

大学の教職員が紅茶やコーヒーを自由に作れるキッチンに、「飲み物を作る人は近くの『正直箱』に代金を入れてください」と大きな貼り紙を掲げました。実験は10週間かけて行われ、5週間は貼り紙の横に「花の写真」を貼りました。そして残りの5週間は、飲み物を作る人を「じっと見つめる目の写真」を貼りました。すると、「目の写真」の時に入れられた金額は2・76倍にはね上がったのです。

実験からは、ほんのわずかでも監視されているかのような感覚を持たせるだけで、不正の抑止効果があることが示されました。

環境犯罪学には、米国の犯罪学者ジョージ・ケリングによる「**割れ窓理論**」というものがあります。「**放置された建物の壊れた窓は、誰も注意を払っていないことを示し、やがて他の窓もすべて壊される**」という考えです。ここで取り上げている不正はシェアリングエコノミーに関連するもので、本格的な犯罪とは異なりますが、「小さいものも放置すれば広がってしまう」点は同じかもしれません。

「割れ窓理論」については、クイーンズランド工科大学のジョアン・ラモスによる検証があります。

彼は、大学のキャンパス内にある2つの共有スペースのうち、片方の場所はきれいにしておき、もう片方には使用済みの紙コップやゴミ箱の横にシュガースティックのゴミなどをわざと落とし、それぞれの共有スペースを訪れた人たちが、ゴミをどれだけその場に捨てていくのかを測定してみたのです。すると、他の人が落としたゴミがあるスペースは、きれいなスペースより3倍も汚される確率が高くなったことがわかりました。

ちなみにラモスは、同じ人物がそれぞれの共有スペースを2つとも利用したときのケースも分析しているのですが、きれいな部屋でゴミを捨てていく人は22％だったのに、その同じ人が汚い部屋に移動すると、そこで70％がゴミを捨てていくことも明らかにしています。同じ人でも、場所によって行動を変えていたのでした。

ここで紹介したいくつかの実験によって、不正に関する様々な心理や行動が浮き彫りになっています。人は単に利益を求めて不正をするのではありません。正直でありたいという気持ちと利益を得たい欲求を天秤にかけて行動します。そこでは、少しの「ズル」なら自尊心は傷みません。

人は苛立ちによって不正に手を染めることがあります。逆に監視されている感覚をもつだけで、実際に監視されていなくても不正をせずに踏みとどまります。

こういった行動経済学などによる発見は、シェアリングエコノミーをスムーズに進める際に、人間心理を理解して問題に対処するための方法を示唆しています。

さらに、これらは社会における様々な不正にも広く活用できるでしょう。例えば、仕事で怠ける人がいる、共有の備品をこっそり持ち帰る人がいるなど、小さな不正は身近なところにたくさんあります。小さい不正も放置すれば大きくなる可能性があります。

純粋な悪意をもって不正を行う人は多くはないのです。

ほとんどは心中に「正直で立派でいたい」と「ごまかして利益を得たい」の両方をもつ「普通の人」です。だとすると不正を正すためには、正直で立派でいたい意識を刺激するのが、スマートで応用が利くベストな方法かもしれません。

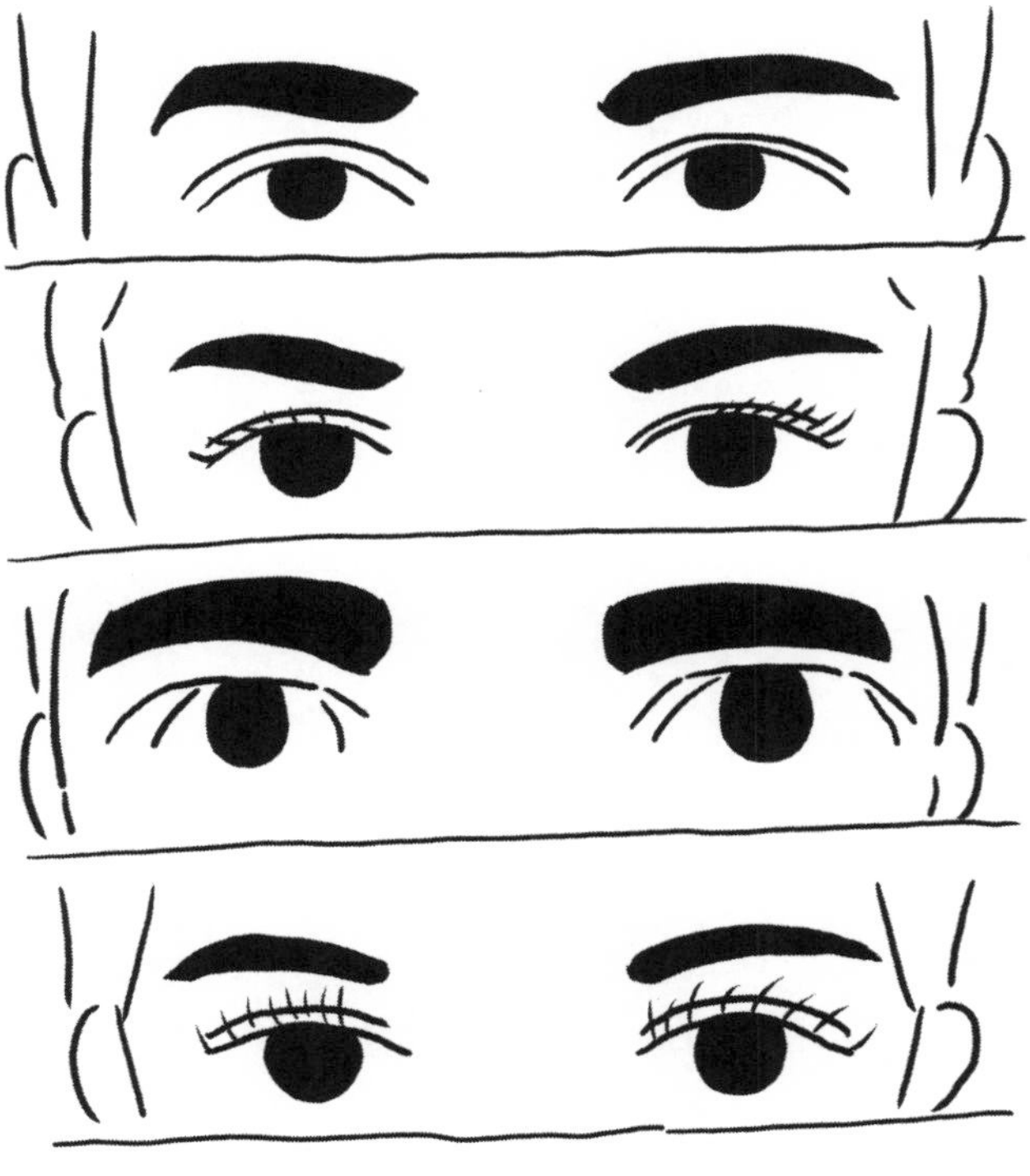

おわりに

現代は、政治、経済、社会など、様々な問題が多発しています。地球環境問題、国家間の紛争、パンデミックなど、次々に生まれる難題に直面せざるを得ない状況です。

多くの場合、それらの根底にあるのは人間が犯す意思決定の誤りであり、不合理な判断の結果です。

今、様々な問題を生む原因である「人間」の不合理さを認め、より良い方向に促す取り組みが必要とされています。行動経済学は、そのための知恵を提供してくれます。

行動経済学が解決できるテーマは幅広いものです。世界的な大きな課題にも、日常的な小さな課題にも対応できます。政府や自治体、企業や団体、個人までさまざまな人にとって役立つ知見があります。その一部を本書で取り上げました。例えば下記のようなテーマです。

人と人の交渉、物の取引、モラルの維持、将来の設計、企業経営、業務効率化、人間関係の改善、時間やお金の節約、自己管理など。

ちなみに自分の例で恐縮ですが、コンサルティングや講演に関して、ご相談頂くケースも多様化してきています。もともとは消費者の購買心理を知りたい企業の経営者や、マーケティングや商品開発の新たな手法に興味のあるビジネスマンの方々から興味を持って頂いていました。現在は、営業でお客様に納得頂く方法、企業や団体の組織運営や、部下の指導や管理の方法など、幅広い業界や職種の業務に関わるご依頼も増えています。

こうして関心を持っていただけるのは、行動経済学が、人間が関わる課題全てに良いヒントを与えてくれる学問だからです。

本書は、4年ほど前に刊行された拙著『スゴい！行動経済学』（総合法令出版刊）を修正・加筆したものになります。社会、ビジネス、生活などに広く貢献できる行動経済学の「実用性」を多面的に理解し、感じてもらうことを目指した本でした。そのために具体的な事象と関連づけながら解説していました。今回、さらに研究や実験、エピソードなどを加え、本書には行動経済学にまつわる100もの話が入っています。

行動経済学を知りたい方のお役に立てれば、うれしく思います。

橋本之克

responsible for the accuracy of this translation. より改変

※ 25Tajfel.H' Billing.M Bundy.R' Jouanal of Social Psychology 1971 1:149-78

※ 26『自由からの逃走』エーリッヒ・フロム（東京創元社）

参考文献・出典

※ 1 外務省ホームページ（https://www.mofa.go.jp/mofaj/area/singapore/data.html）

※ 2『にんげんだもの』相田みつを（角川書店）

※ 3『ファスト & スロー』ダニエル・カーネマン（早川書房）

※ 4『遊びと人間』ロジェ・カイヨワ（講談社）

※ 5 ファミ通 AP（https://app.famitsu.com/20120514_64039/）

※ 6BUSINESS INSIDER（https://www.businessinsider.com/brides-cold-feet-lead-to-divorce-2012-9?IR=T&）

※ 7Trope Y et al., Temporal construal, Psychol Rev, 110（3）, 403-21, 2003, APA as publisher, reprinted with permission. APA is not responsible for the accuracy of this translation. より改変

※ 8『WHY から始めよ! インスパイア型リーダーはここが違う」』サイモン・シネック（日本経済新聞出版社）

※ 9 日本フランチャイズチェーン協会（https://www.jfa-fc.or.jp/particle/320.html）

※ 10『学歴フィルター』福島直樹（小学館）

※ 11『日経 MJ（2018 年 12 月 5 日）』（日本経済新聞社）

※ 12『ウソはバレる』イタマール・サイモンソン（ダイヤモンド社）

※ 13『セイラー教授の行動経済学入門』リチャード・セイラー（ダイヤモンド社）

※ 14『日本再興戦略』落合陽一（幻冬舎）

※ 15 公益財団法人生命保険文化センター（https://www.jili.or.jp/research/chousa/8944.html）

※ 16finbee（https://finbee.jp/）

※ 17finbee（https://finbee.jp/）

※ 18finbee（https://finbee.jp/）

※ 19finbee（https://finbee.jp/）

※ 20『リスクにあなたは騙される』ダン・ガードナー（早川書房）

※ 21 内閣府ホームページ（https://www.cao.go.jp/）

※ 22 ランサーズ（https://www.lancers.co.jp/news/pr/21013/）

※ 23『LIFE SHIFT 100 年時代の人生戦略』リンダ・グラットン / アンドリュー・スコット（東洋経済新報社）

※ 24Solomon A, Studies of Independence and Conformity: I. A Minority of One Against a Unanimous Majority, Psychological Monographs: General and Applied, 70（9）, 1-70, 1956, APA as publisher, reprinted with permission. APA is not

【著者紹介】

橋本之克（はしもと・ゆきかつ）

マーケティング＆ブランディングディレクター／著述家
東京工業大学卒業後、大手広告代理店を経て1995年日本総合研究所入社。環境エネルギー分野を中心に、官民共同による市場創造コンソーシアムの組成運営、自治体や企業向けのコンサルティング業務を行う。1998年よりアサツー ディ・ケイにて多様な業界の企業に向け、行動経済学による調査分析や顧客獲得業務を実施。2018年独立。「30年以上の経験に基づくマーケティングとブランディングのコンサルティング」、「行動経済学をビジネスに活用する企業の支援」を行う。関連する執筆・講演も多数。2020年より昭和女子大学「現代ビジネス研究所」研究員、2023年より戸板女子短大で非常勤講師を兼任。
主な著書は『今さら聞けない行動経済学の超基本』（朝日新聞出版）、『9割の買い物は不要である』（秀和システム）、『9割の人間は行動経済学のカモである』（経済界）ほか。
連絡先：hasimotoyukikatu@gmail.com

本書は『世界最前線の研究でわかる！ スゴい！ 行動経済学』（総合法令出版刊）を加筆・修正したものです。

世界最先端の研究が教える新事実
行動経済学 BEST100

2024年2月20日　初版発行
2024年5月9日　5刷発行

著　者　橋本之克
発行者　野村直克
発行所　総合法令出版株式会社
〒103-0001 東京都中央区日本橋小伝馬町15-18
EDGE小伝馬町ビル9階
電話 03-5623-5121（代）

印刷・製本　中央精版印刷株式会社

落丁・乱丁本はお取替えいたします。

ISBN 978-4-86280-936-0
総合法令出版ホームページ　http://www.horei.com/